Tirer le meilleur parti de la vie

JR Miller

Writat

Cette édition parue en 2023

ISBN : 9789359255637

Publié par
Writat
email : info@writat.com

Contenu

UN MOT D'INTRODUCTION.

Alexandre avait l'habitude de dire : "Philippe de Macédoine m'a donné la vie, mais c'est Aristote qui m'a appris à profiter au maximum de la vie."

Recevoir le don de la vie est une chose solennelle. La vie est le dépôt le plus sacré de Dieu. Il ne nous appartient pas d'en faire ce que nous voulons ; il faut en tenir compte, chaque particule, chaque pouvoir, chaque possibilité.

Ces chapitres sont écrits dans le but et l'espoir de stimuler ceux qui les liront à vivre sérieusement et dignement. S'ils semblent urgents, s'ils présentent continuellement des motifs de réflexion, s'ils s'attardent presque exclusivement du côté de l'obligation et de la responsabilité, s'ils mettent toujours le devoir au premier plan et appellent au renoncement et au sacrifice de soi, laissant peu de place au jeu, il C'est parce que la vie elle-même est vraiment très sérieuse, et parce que nous devons l'affronter sérieusement, en reconnaissant sa signification sacrée et en nous y préparant avec tout le sérieux et l'énergie.

Si ce livre enseigne à quelqu'un comment tirer le meilleur parti de la vie que Dieu lui a confiée, ce sera une récompense suffisante pour le travail de préparation. À ce service, elle est affectueusement dédiée, au nom de Celui qui a profité de sa vie bénie en la perdant dans le sacrifice de l'amour, et qui nous appelle aussi à mourir à nous-mêmes pour vivre pour Dieu.

JRM

CHAPITRE I.

PROFITER AU MAXIMUM DE LA VIE.

"Mesurez votre vie par la perte plutôt que par le gain ;
non pas par le vin bu, mais par le vin versé ; car la force de l'amour réside
dans le sacrifice de l'amour,
et celui qui souffre le plus a le plus à donner." — *Les Disciples*.

Selon l'enseignement de notre Seigneur, nous pouvons tirer le meilleur parti de notre vie en la perdant. Il dit que perdre la vie pour lui, c'est la sauver. Il existe un moi inférieur qui doit être piétiné et piétiné à mort par le moi supérieur. Il faut briser le vase d'albâtre pour que l'onguent puisse couler et remplir la maison. Il faut fouler les raisins pour qu'il y ait du vin à boire. Le blé doit être meurtri avant de pouvoir devenir du pain pour nourrir la faim.

Il en est ainsi dans la vie. Les hommes entiers, indemnes et ininterrompus ne sont que de peu d'utilité. La vraie vie est en réalité une succession de batailles dans lesquelles le meilleur triomphe du pire, l'esprit sur la chair. Tant que nous ne cessons pas de vivre pour nous-mêmes, nous n'avons pas commencé à vivre du tout.

Nous ne pourrons jamais devenir vraiment utiles aux autres tant que nous n'aurons pas appris cette leçon. On peut vivre pour soi et pourtant faire beaucoup de choses agréables pour les autres ; mais la vie d'une personne ne peut jamais devenir la grande bénédiction qu'elle est censée être pour le monde tant que la loi du sacrifice de soi n'est pas devenue son principe fondamental.

Un grand chêne se dresse dans la forêt. C'est beau dans sa majesté ; c'est ornemental; il projette une ombre agréable. Sous ses branches les enfants jouent ; parmi ses branches les oiseaux chantent. Un jour le bûcheron arrive avec sa hache, et l'arbre frémit dans toutes ses branches, sous ses coups vigoureux. "Je suis détruit", crie-t-il. C'est ce qu'il semble lorsque le grand arbre s'écrase sur le sol. Et les enfants sont tristes de ne plus pouvoir jouer sous les larges branches ; les oiseaux sont tristes de ne plus pouvoir nicher et chanter au milieu du feuillage d'été.

Mais suivons l'histoire de l'arbre. Il est découpé en planches et construit en une belle chaumière, où les cœurs humains trouvent leur nid heureux. Ou bien il est utilisé pour fabriquer un grand orgue qui dirige le culte d'une congrégation. Perdre sa vie , c'était la sauver. Il est mort pour pouvoir devenir profondément et véritablement utile.

Les assiettes, tasses, plats et vases que nous utilisons dans nos maisons et sur nos tables, reposaient autrefois comme de l'argile commune dans la terre, calmes et reposants, mais ne faisant en aucun cas du bien, servant l'homme. Puis vinrent des hommes avec des pioches, et l'argile fut grossièrement arrachée et plongée dans un mortier et battue et broyée dans un moulin, puis pressée, puis mise dans un fourneau, et brûlée et brûlée, pour finalement ressortir en beauté et commencer son histoire d'utilité. Il a apparemment été détruit pour pouvoir commencer à servir.

Un grand bâtiment d'église est en construction, et les pierres qui sont posées sur les murs sont extraites à cet effet de la sombre carrière. Nous pouvons les imaginer se plaindre, gémir et se lamenter, tandis que les perceuses et les marteaux des carriers les frappaient. Ils supposaient qu'ils étaient détruits lorsqu'ils étaient arrachés du lit de roche où ils étaient restés tranquilles depuis des siècles, puis coupés en blocs et soulevés, puis ciselés et mis en forme . Mais on les détruisait uniquement pour pouvoir devenir utiles. Ils font partie d'un nouveau sanctuaire, dans lequel Dieu doit être adoré, où l'Évangile sera prêché, où les pécheurs pénitents trouveront le Christ- Sauveur , où ceux qui sont affligés seront consolés. Il valait sûrement mieux que ces pierres soient arrachées, même au milieu de l'agonie, et construites dans le mur de l'église, plutôt que de rester des siècles plus longtemps, sans être dérangées, dans l'obscurité de la carrière. Ils ont été sauvés de l'inutilité en étant détruits.

Ce sont là de simples illustrations de la loi qui s'applique également à la vie humaine. Nous devons mourir pour être utiles, pour être véritablement une bénédiction. Notre Seigneur a mis cette vérité dans une petite parabole, lorsqu'il a dit que la graine doit tomber en terre et mourir pour pouvoir porter du fruit. La propre croix du Christ en est la plus haute illustration. Ses amis disaient qu'il avait gâché sa précieuse vie ; mais cette vie a-t-elle été gaspillée lorsque Jésus a été crucifié ? George MacDonald, dans l'un de ses petits poèmes, présente avec une profonde perspicacité spirituelle cette vérité du gain béni de la vie du Christ à travers son sacrifice et sa mort :

"Pendant trente-trois ans, une graine vivante,
un germe solitaire, tombé du côté de notre monde désolé,
ta mort et ta résurrection, tu attendais calmement ; une plaie entourée de
nombreuses mauvaises herbes accrochées a jailli du sol en jachère du mal et
du besoin ; ici et jeté là, par des amis reniés ; Pitié pour la bonté ennuyeuse
et méprisé par l'orgueil ; Jusqu'à ce qu'enfin l'acte horrible soit accompli, Et
tu restais épuisé dans un écrin de pierre — Trois jours endormis — oh,
sommeil divin, bref, Pour l'Homme de chagrins et connaissant le chagrin,
graine du ciel, tu es mort , afin que de toi puisse s'élever
vers le haut, avec une tige enracinée et une feuille sombre de toute
l'humanité la fleur cramoisie.

Les gens disaient que la belle vie d'Harriet Newell avait été gâchée lorsqu'elle l'avait donnée en mission, puis qu'elle était morte et enterrée loin de chez elle

- épouse, missionnaire, mère, sainte, tout cela en une seule année - sans même en parler à une seule femme ou à un seul enfant païen . l'histoire du Sauveur . Mais cette belle jeune vie était-elle vraiment gâchée ? Non; Tout au long de ce siècle, son nom a été l'une des plus fortes inspirations pour l'œuvre missionnaire, et son influence s'est répandue partout, touchant des milliers de cœurs de femmes douces et d'hommes forts, à mesure que l'histoire de sa consécration a été racontée. Si Harriet Newell avait vécu mille ans de vie tranquille et douce à la maison, elle n'aurait pas pu accomplir le travail qu'elle a accompli en une seule année en donnant sa vie, semble-t-il, comme un sacrifice inutile. Elle a perdu la vie pour pouvoir la sauver. Elle est morte pour pouvoir vivre. Elle s'est offerte un sacrifice vivant pour pouvoir se rendre utile.

Dans notre cœur et dans notre esprit , nous devons tous faire la même chose si nous voulons un jour être une véritable bénédiction dans le monde. Nous devons être prêts à perdre notre vie – à nous sacrifier, à abandonner notre propre voie, notre propre bien-être, notre propre confort, peut-être même notre propre vie ; car il arrive des moments où il faut littéralement perdre la vie pour être sauvé.

C'était dans une mine en Angleterre. Il y avait eu une effroyable explosion, et les hommes se précipitaient du niveau inférieur, juste au milieu du danger de l' explosion mortelle ; alors que la seule chance de sécurité était dans un autre puits. Et un homme le savait et se tenait là dans le passage dangereux, avertissant les hommes. Lorsqu'on lui a demandé de suivre lui-même le chemin sûr, il a répondu : « Non ; quelqu'un doit rester ici pour guider les autres. Existe-t-il un héroïsme plus beau que celui-là dans la vie de ce monde ?

C'était à Fredericksburg, après une bataille sanglante. Des centaines de soldats de l'Union gisaient blessés sur le terrain. Toute la nuit et toute la journée suivante, l'espace fut balayé par l'artillerie des deux armées ; et personne ne pouvait se risquer au soulagement des malades. Pendant tout ce temps aussi, des cris angoissants pour réclamer de l'eau montaient du champ, mais il n'y avait pas de réponse autre que le rugissement des canons. Mais enfin, derrière les remparts, un brave homme, un soldat du Sud, sentit qu'il ne pouvait plus supporter ces cris pitoyables. Sa compassion était supérieure à son amour de la vie.

"Général", dit Richard Kirkland à son commandant, "je ne peux pas supporter cela. Ces pauvres âmes ont prié pour avoir de l'eau toute la nuit et toute la journée, et c'est plus que je ne peux supporter. Je demande la permission de les transporter. eau."

Le général lui assura que ce serait une mort instantanée pour lui s'il se présentait sur le terrain, mais il le supplia si instamment que l'officier, admirant son noble dévouement à l'humanité, ne put refuser sa demande. Muni d'une réserve d'eau, le courageux soldat enjamba le mur et partit faire sa mission semblable à celle du Christ. Des deux côtés, des yeux étonnés le regardèrent s'agenouiller près du malade le plus proche, et levant doucement la tête, il porta la tasse rafraîchissante à ses lèvres desséchées. Les soldats de l'Union comprirent aussitôt ce que le soldat en gris faisait pour leurs propres camarades blessés, et aucun coup de feu ne fut tiré. Pendant une heure et demie , il continua son travail, donnant à boire aux assoiffés, redressant les membres crampes et mutilés, plaçant la tête des hommes sur leurs sacs à dos et étendant sur eux des couvertures et des manteaux militaires, tendrement comme une mère couvre son enfant ; et pendant tout ce temps, jusqu'à ce que ce ministère angélique soit terminé, la fusillade de la mort était étouffée.

Encore une fois, nous devons admirer l'héroïsme qui a conduit ce brave soldat en gris à s'oublier si complètement pour accomplir un acte de miséricorde envers ses ennemis. Il y a plus de grandeur dans cinq minutes d'un tel renoncement à soi-même que dans toute une vie d'intérêt personnel et de recherche de soi. Il y a quelque chose de chrétien là-dedans. Combien pauvres, mesquins et mesquins, à côté des récits de tels actes, apparaissent les efforts égoïstes des hommes, les aventures les plus audacieuses de leurs intérêts personnels !

Nous devons avoir le même esprit en nous si nous voulons devenir, dans un sens large et véritable, une bénédiction pour le monde. Nous devons mourir pour vivre. Nous devons perdre notre vie pour la sauver. Nous devons nous déposer sur l'autel pour nous consumer dans le feu de l'amour, afin de glorifier Dieu et de faire du bien aux hommes. Notre travail peut être juste, même s'il est mêlé à nous-mêmes ; mais c'est seulement lorsque nous sommes sacrifiés, brûlés sur l'autel de la consécration, consumés dans les flammes brûlantes de l'amour, que notre œuvre devient vraiment notre meilleure, une offrande digne d'être faite à notre Roi.

Nous ne devons pas craindre que dans un tel sacrifice, un tel renoncement et un tel anéantissement de soi, nous nous perdions. Dieu se souviendra de chaque acte d'amour, de chaque oubli de soi, de chaque vide dans la vie. Même si nous travaillons dans les endroits les plus obscurs, où aucune langue humaine n'exprimera jamais nos louanges, il existe néanmoins un registre tenu, et un jour une récompense riche et glorieuse nous sera donnée. La louange de Dieu n'est-elle pas meilleure que celle de l'homme ?

" Beautés non récoltées d'une terre généreuse,
Fleurs sauvages qui poussent sur les sentiers de montagne inexplorés.
Nénuphars blancs regardant Dieu Depuis des tarns solitaires - et une valeur humaine Faisant un devoir humble qu'aucune gloire ne gagne, Âmes héroïques semées dans des lieux secrets, Pour vivre , souffrir et mourir

inconnus — Cette beauté et toutes ces douleurs ne sont-elles pas gaspillées ? Hélas, alors ne suffit-il pas que Dieu soit sur la montagne, au bord du lac, et dans chaque devoir simple, pour l'amour duquel ses enfants donnent leur même le sang comme prix ? Le Père voit. Si cela ne paie pas, quoi d'autre ? Car les fleurs cueillies se fanent et les louanges tuent.

L'onguent de Marie fut gaspillé lorsqu'elle brisa le vase et le versa sur son Seigneur. Oui; mais supposons qu'elle ait laissé la pommade dans le vase intact ? Quel souvenir aurait-il alors eu ? En aurait-il été fait mention dans les pages de l'Évangile ? Son acte de garde prudente aurait-il été diffusé dans le monde entier ? Elle a cassé le vase et l'a versé, l'a perdu, l'a sacrifié, et maintenant le parfum remplit toute la terre. Nous pouvons conserver notre vie si nous le voulons, en la préservant soigneusement du gaspillage ; mais nous n'en aurons finalement aucune récompense, aucun honneur. Mais si nous le vidons dans un service aimant, nous en ferons une bénédiction durable pour le monde et nous nous souviendrons à jamais de nous.

CHAPITRE II.

Posé sur l'autel de Dieu.

"Ma vie n'est pas la mienne, mais celle du Christ, qui l'a donnée,
et il la donne à toute la race ; je la perds à cause de lui, et ainsi je la sauve ; je
la garde près, mais seulement pour la dépenser ; accepte-la. , Seigneur, pour
les autres, par ta grâce."

Nous devons mourir pour vivre. C'est la loi centrale de la vie. Nous devons
brûler pour éclairer le monde ou pour dégager une odeur d'encens à la
louange de Dieu. Nous ne pouvons pas nous sauver nous-mêmes et en même
temps rendre quelque chose digne de notre vie, ni être, dans un sens profond
et véritable, un honneur pour Dieu et une bénédiction pour le monde. L'autel
est au premier plan de toute vie et on ne peut l'éviter qu'au détriment de tout
ce qu'il y a de plus noble et de meilleur.

Tout le côté pratique de la religion est résumé dans l'exhortation de saint
Paul, à ce que nous présentions nos corps comme un sacrifice vivant à Dieu.
Autrefois, un homme apportait un agneau et le présentait à Dieu, le déposait
sur l'autel pour qu'il soit consumé par le feu de Dieu. De la même manière,
nous devons présenter notre corps. La première chose n'est pas d'être un
ouvrier, un prédicateur, un sauveur d'âmes ; la toute première chose dans la
vie chrétienne est de se présenter à Dieu, de se déposer sur l'autel. Nous
devons comprendre cela. Il est plus facile de parler et de travailler pour le
Christ que de se donner à lui. Il est plus facile d'offrir à Dieu quelques
activités que de lui donner un cœur. Mais le cœur doit primer, sinon même
les plus grands cadeaux et services ne seront pas acceptables.

"Ce n'est pas ton travail dont le Maître a besoin, mais toi,
l'esprit obéissant, le cœur croyant."

"Un sacrifice vivant ." Un sacrifice est quelque chose de réellement donné à
Dieu, pour lui appartenir entièrement et pour toujours. Nous ne pouvons
plus le reprendre. On ne pouvait pas déposer un agneau sur l'autel de Dieu
et, une minute ou deux plus tard, courir l'enlever. Nous ne pouvons pas être
à Dieu aujourd'hui et à nous demain. Si nous devenons siens, dans un
sacrifice qu'il accepte, nous lui appartiendrons toujours.

Comment pouvons-nous nous présenter comme un sacrifice à Dieu ? Par
l'abandon complet de notre cœur, de notre volonté et de tous nos pouvoirs.
L'obéissance absolue est une consécration. Le soldat l'apprend. Il n'est pas le
sien. Il ne pense pas par lui-même, ne fait pas ses propres projets ; il n'a qu'un
devoir : obéir. Payson avait l'habitude de parler de sa « volonté perdue » —

perdue dans la volonté de Dieu, voulait-il dire. C'est ce que signifie se présenter en sacrifice.

C'est un sacrifice « vivant ». Autrefois, les sacrifices étaient tués ; ils furent déposés morts sur l'autel. Nous devons nous présenter vivants. Le feu consuma l' ancienne offrande ; le feu de l'amour de Dieu et de son Esprit consume nos vies en les purifiant et en les remplissant de vie divine. Ceux sur qui le feu est tombé le jour de la Pentecôte sont devenus des hommes nouveaux. Il y avait une nouvelle vie dans leurs âmes, une nouvelle ardeur, un nouvel enthousiasme. Ils étaient enflammés d'amour pour le Christ. Ils entamèrent un service dans lequel toutes leurs énergies flambèrent.

Le sacrifice vivant inclut toute la vie, non seulement ce qu'elle est maintenant, mais tout ce qu'elle peut devenir. La vie n'est pas un diamant, mais une graine, avec des possibilités de croissance infinie. Le Dr Lyman Abbott a utilisé cette illustration : « Je cueille un gland dans la pelouse verte et je le tiens près de mon oreille ; et voici ce qu'il me dit : « Bientôt, les oiseaux viendront nicher en moi. Je fournirai de l'ombre au bétail. Bientôt, je réchaufferai la maison dans le feu agréable. Bientôt, je protégerai contre la tempête ceux qui sont entrés sous le toit. Bientôt, je serai le fort. les côtes du grand navire, et la tempête me frappera en vain pendant que je transporterai des hommes à travers l'Atlantique. « Ô petit gland insensé, seras-tu tout cela ? Je demande. Et le gland répond : « Oui, Dieu et moi. »

Je regarde les visages d'un groupe d'enfants et j'entends un murmure qui dit : « Bientôt, je serai une grande bénédiction pour beaucoup. Bientôt, d'autres vies viendront et trouveront leur nid et leur foyer en moi. ceux qui sont fatigués s'assiéront à l'ombre de ma force. Bientôt, je m'assiérai comme consolateur dans une maison de tristesse. Bientôt, je prononcerai les paroles du salut du Christ aux oreilles de ceux qui sont perdus. Bientôt, je brillerai dans le plein rayonnement de la beauté du Christ, et sois parmi les glorifiés auprès de mon Rédempteur. » "Toi, frêle, impuissant, petit ?" Je demande; et la réponse est : « Oui ; Christ et moi. » Et toutes ces possibilités bénies qui existent dans la vie du jeune doivent aller sur l'autel dans le sacrifice vivant.

Jetez-y un autre point de vue. Certains semblent supposer que seuls des exercices spirituels sont compris dans ce sacrifice vivant ; qu'il ne couvre pas leurs affaires, leur vie sociale, leurs divertissements. Mais cela embrasse vraiment toute la vie. Nous appartenons à Dieu aussi bien le lundi que le jour du Seigneur. Nous devons rester couchés sur l'autel de Dieu aussi bien pendant que nous sommes à notre travail de la semaine que lorsque nous sommes dans une réunion de prière. Nous sommes toujours en devoir en tant que chrétiens, que nous soyons engagés dans nos activités profanes ou dans des exercices de dévotion. Tout notre travail doit donc être effectué avec respect, « comme pour le Seigneur ».

Nous devons également tout faire sous les yeux de Dieu et selon le principe de justice. Le mécanicien consacré doit mettre une vérité absolue dans chaque travail qu'il effectue. L'homme d'affaires consacré doit mener ses affaires selon les principes de la justice divine. Le millionnaire consacré doit mettre son argent sur l'autel de Dieu, afin que chaque dollar fasse des affaires pour Dieu, bénissant le monde. La ménagère consacrée doit garder sa maison si douce, si propre et si belle tous les jours, qu'elle n'ait jamais honte que son Maître vienne sans prévenir pour être son hôte. Autrement dit, lorsque nous nous présentons à Dieu comme un sacrifice vivant, nous devons appartenir à Dieu dans chaque partie et dans chaque phase de notre vie, où que nous allions et quoi que nous fassions.

"Je ne peux être d'aucune utilité", dit l'un d'eux. "Je ne peux pas parler dans les réunions. Je ne peux pas prier en public. Je n'ai aucun don pour visiter les malades. Je ne peux rien faire pour le Christ."

Eh bien, si le service chrétien consistait uniquement à parler et à prier lors des réunions et à rendre visite aux malades, cela serait décourageant pour des personnes aussi dépourvues de talent. Mais nos langues sont-elles les seules facultés que nous pouvons utiliser pour Christ ? Il existe des moyens par lesquels même les personnes silencieuses peuvent appartenir à Dieu et être une bénédiction dans le monde. Une étoile ne parle pas, mais son rayon calme et régulier brille continuellement du ciel et constitue une bénédiction pour beaucoup. Une fleur ne peut pas chanter les chants des oiseaux, mais sa douce beauté et son doux parfum en font une bénédiction partout où elle est vue. Soyez comme une étoile dans votre éclat paisible, et beaucoup remercieront Dieu pour votre vie. Soyez comme la fleur dans votre pure beauté et sous l'influence de votre esprit altruiste, et vous pourrez faire plus pour bénir le monde que beaucoup de ceux qui parlent sans cesse. Le sacrifice vivant ne signifie pas toujours un travail actif. Cela peut signifier l'endurance patiente d'un tort, le support tranquille d'une douleur, l'acquiescement joyeux d'une déception.

"Les actes nobles sont honorés ;
mais le monde entier a malheureusement besoin de cœurs patients pour découvrir la valeur des actes communs."

Il y a des gens qui pensent qu'il est impossible, dans leur sphère étroite et dans leurs circonstances peu propices, de vivre de manière à gagner la faveur de Dieu ou à être des bénédictions dans le monde. Mais il ne fait aucun doute que bon nombre des plus belles vies sur terre, aux yeux du Ciel, sont celles qui sont vécues dans des conditions qui semblent les plus défavorables. Un visiteur d'Amsterdam souhaitait entendre la merveilleuse musique des carillons de Saint-Nicolas et monta dans la tour de l'église pour l'entendre. Là, il trouva un homme avec des gants en bois sur les mains, tapant sur un clavier. Tout ce qu'il entendait, c'était le cliquetis des touches lorsqu'on les frappait avec les gants de bois, et le bruit dur et assourdissant des cloches au-dessus de sa tête. Il se demandait pourquoi on parlait des merveilleux carillons de Saint-Nicolas. À son oreille, il n'y avait aucune musique, rien que de terribles cliquetis et cliquetis. Et pourtant, pendant tout ce temps, la musique la plus envoûtante flottait au-delà de la ville. Les hommes dans les champs s'arrêtaient dans leur travail pour écouter et étaient ravis. Les gens dans leurs maisons et les voyageurs sur les autoroutes étaient ravis par les merveilleuses notes de cloche qui tombaient des carillons.

Il existe de nombreuses vies qui, pour ceux qui habitent à côté d'elles, semblent ne faire aucune musique. Ils déploient leur force dans un dur labeur. Ils sont enfermés dans des sphères étroites. Ils vivent au milieu du bruit et du fracas du travail commun. Ils semblent frapper uniquement avec des marteaux en bois sur des touches bruyantes et claquantes. Il ne peut y avoir rien de agréable à Dieu dans leur vie, diraient les hommes. Ils pensent eux-mêmes qu'ils ne servent à rien, qu'aucune bénédiction ne sort de leur vie. Ils ne rêvent jamais que leur martèlement bruyant fait une douce musique partout dans le monde. De même que le carillonneur de sa petite tour n'entend aucune musique de son propre tintement des cloches, ainsi ils pensent que leur dur labeur ne produit que du fracas et du bruit ; mais partout dans le monde, là où s'exerce l'influence de leur travail et de leur caractère, les vies humaines sont bénies et ceux qui sont fatigués entendent avec joie une musique douce et réconfortante. Puis, au loin, au ciel, où les anges écoutent la mélodie de la terre, les accents les plus envoûtants se font entendre.

Sans aucun doute, on verra à la fin que bon nombre des sacrifices vivants les plus acceptables sur terre ont été déposés sur l'autel dans les sphères les plus étroites et au milieu des conditions les plus difficiles. Ce qui, aux oreilles des auditeurs attentifs, n'est que le bruit d'un labeur douloureux entendu dans le ciel comme une musique douce comme le chant des anges.

Le sacrifice vivant est « agréable à Dieu ». Ce devrait être une merveilleuse inspiration de savoir cela ; que même les choses les plus humbles que nous faisons pour Christ lui plaisent. Nous devrions être capables de faire un travail meilleur et plus vrai, quand nous pensons à sa gracieuse acceptation. On raconte que Léonard de Vinci, alors qu'il était encore élève, avant que son génie n'éclate, reçut de cette manière une inspiration particulière : son vieux et célèbre maître, à cause de ses infirmités croissantes de l'âge, se sentit obligé d'abandonner son propre travail, et demanda un jour à Da Vinci de terminer pour lui un tableau qu'il avait commencé. Le jeune homme avait un tel respect pour le talent de son maître qu'il recula devant la tâche. Le vieil artiste, cependant, n'acceptait aucune excuse, mais persistait dans son commandement, disant simplement : « Faites de votre mieux ».

Da Vinci saisit enfin le pinceau en tremblant et s'agenouilla devant le chevalet pria : « C'est pour le bien de mon maître bien-aimé que j'implore l'habileté et la puissance pour cette entreprise. À mesure qu'il avançait, sa main se stabilisait, son œil s'éveillait avec un génie endormi. Il s'est oublié et s'est enthousiasmé pour son travail. Une fois le tableau terminé, le vieux maître fut transporté dans l'atelier pour juger du résultat. Son regard se posa sur un triomphe de l'art. Jetant ses bras autour du jeune artiste, il s'écria : « Mon fils, je ne peins plus.

Il y en a qui hésitent à entreprendre le travail que le Maître leur confie. Ils n'en sont pas dignes ; ils n'ont ni compétence ni pouvoir pour accomplir ce devoir délicat. Mais face à tous leurs timides reculs et retraits, la parole douce mais urgente du Maître est : « Faites de votre mieux ». Il leur suffit de s'agenouiller avec une humble révérence et de prier, pour l'amour du Maître bien-aimé, pour obtenir les compétences et la force nécessaires à la tâche qui leur est assignée, et ils seront inspirés et aidés à bien l'accomplir. La puissance du Christ reposera sur eux et l'amour du Christ sera dans leur cœur. Et tout travail accompli sous cette inspiration bénie sera agréable à Dieu. Nous n'avons qu'à déposer le sacrifice vivant sur l'autel ; alors Dieu enverra le feu.

Nous devons faire descendre cette question de la consécration du pays des nuages vers la région de la vie quotidienne réelle et commune. Nous le chantons, prions pour lui et en parlons dans nos réunions religieuses, souvent de bonne humeur, comme s'il s'agissait d'un état exalté avec lequel la vie terrestre de labeur, de lutte et de soucis n'avait rien à voir. Mais la consécration suggérée par le sacrifice vivant est une consécration qui marche sur la terre, qui répond aux véritables devoirs, luttes, tentations et douleurs de la vie, et qui ne faiblit pas dans l'obéissance, la fidélité ou la soumission, mais qui suit le Christ avec amour et joie partout où il se trouve. conduit. Aucune autre consécration ne plaît à Dieu.

CHAPITRE III.

L'INTÉRÊT DU CHRIST POUR NOTRE VIE COMMUNE.

"Ainsi encore, cher Seigneur, en tout lieu
tu te tiens aux côtés des gens qui travaillent
avec amour et pitié sur ton visage, et tu donnes ton aide et ta grâce
à ceux qui portent docilement le joug."

L'une des apparitions de notre Seigneur après la résurrection illustre de manière frappante son intérêt aimant pour notre labeur commun. En attendant son arrivée en Galilée, les disciples s'étaient remis pour un temps à leur ancien travail de pêche. C'étaient des hommes pauvres, et cela était probablement nécessaire pour subvenir à leurs propres besoins. La pêche était donc le devoir le plus proche. Pourtant, ce devait être un travail morne pour eux après les privilèges exaltés dont ils avaient joui si longtemps. Pensez à ce que ces trois dernières années ont été pour ces hommes. Jésus les avait emmenés dans la communion la plus intime avec lui-même, dans une amitié confidentielle la plus intime. Ils avaient écouté ses merveilleuses paroles, vu ses actes gracieux et été témoins de sa douce vie. Pensez quel privilège ce fut de vivre ainsi avec Jésus ces belles années ; quels aperçus du ciel ils avaient ; quelles visions de vie radieuse brillaient devant eux.

Mais maintenant, cette précieuse expérience était terminée. Le beau rêve avait disparu. Ils étaient de retour à leur ancien travail. Comme cela devait être morne, ce maniement fastidieux des rames, des bateaux et des filets de pêche, après leurs années de vie exaltée avec leur Maître ! Mais c'est pour nous une pensée précieuse que juste à ce moment-là, alors qu'ils étaient au milieu d'un travail ennuyeux et fastidieux, et alors qu'ils étaient tristement découragés, le Christ leur est apparu. Cela montrait son intérêt pour leur travail, sa sympathie pour eux dans leur découragement et sa volonté de les aider.

Alors les révélations de son apparence ce matin-là sont pour tous ses amis et pour toujours. Nous savons maintenant que notre Sauveur ressuscité s'intéresse à tout ce que nous avons à faire et qu'il est prêt à nous aider dans toute notre vie commune et ennuyeuse. Il viendra vers son peuple, non seulement lors du service religieux, de la réunion de prière ou de la Sainte Cène, mais il est tout aussi apte à se révéler à lui dans le travail du jour le plus simple et le plus ennuyeux. Susan Coolidge écrit :

« Afin que ta pleine gloire abonde, augmente,
et qu'ainsi ta ressemblance se forme en moi, je prie ; la réponse n'est pas le repos ou la paix, mais des changements, des devoirs, des besoins, des

inquiétudes, jusqu'à ce qu'il semble y avoir de la place pour tout sauf toi, et jamais le temps pour autre chose que ça.

« Et je devrais avoir peur, mais voilà ! au milieu de la presse,
Le tourbillon, le bourdonnement et la pression de ma journée, j'entends tes vêtements balayer, ta robe sans couture, Et près de mon travail et de ma lassitude Discerne ta forme gracieuse, non loin de là, Mais très proche, Seigneur, pour aider et bénir.

"Les doigts occupés volent ; les yeux ne peuvent voir
que l'aiguille qu'ils tiennent ; mais toute ma vie s'épanouit intérieurement, et chaque souffle est comme une litanie ; tandis qu'à travers chaque travail, comme un fil d'or, est tissée la douce conscience. de toi."

Il y a des devoirs dans chaque vie qui sont fastidieux. Les jeunes trouvent parfois le travail scolaire ennuyeux. Il y a des mères fidèles qui se lassent souvent des tâches ménagères sans fin. Il y a de bons hommes qui se lassent souvent de la routine du bureau, du magasin, du moulin ou de la ferme. Il arrive parfois à la plupart d'entre nous le sentiment que ce que nous devons faire jour après jour n'est pas digne de nous. Nous avons eu des aperçus, ou de brèves expériences, de la vie dans ses révélations supérieures . Cela a peut-être été une compagnie pendant une saison avec quelqu'un au-dessus de nous en termes d'expérience ou de réalisation, qui nous a élevés pendant un petit moment dans des pensées et des sentiments exaltés, après quoi il est difficile de revenir à nouveau à l'ancien cycle pénible et à les vieilles camaraderies sans intérêt. Il s'agissait peut-être d'une visite dans un lieu ou dans une maison, avec des opportunités, des raffinements, des inspirations, des privilèges supérieurs à ceux que nous pouvons avoir dans notre propre environnement plus étroit, dans une maison plus simple et dans des intimités moins agréables.

Ou bien notre situation a peut-être été brutalement modifiée par une providence qui s'est introduite dans notre vie heureuse. Il peut s'agir d'un décès qui a supprimé les revenus, ou d'un revers dans les affaires qui a emporté une fortune, et le luxe, l'aisance, les raffinements matériels et les élégances de la richesse doivent être échangés contre du labeur, des circonstances simples et un foyer plus humble. Il existe peu de tests de caractère plus douloureux que de tels changements entraînent. La première pensée est toujours : « Comment puis-je retourner à cette vie morne, à ces tâches difficiles, à cette corvée pénible, à ce labeur pénible, après avoir joui si longtemps du confort et des raffinements de mon ancien état heureux ?

Dans de tels cas, on peut trouver un réconfort incommensurable dans cette apparition du Christ ressuscité ce matin-là sur le rivage. Les disciples reprirent leur vieux travail ennuyeux parce que c'était nécessaire et que c'était leur simple devoir à l'époque ; et Jésus les attendait pour les saluer et les bénir.

Acceptez vos tâches difficiles et accomplissez-les avec joie, aussi pénibles soient-elles, et Christ se révélera à vous en elles. Assurez-vous qu'il ne viendra jamais vers vous lorsque vous évitez une tâche, lorsque vous refusez votre main d'un devoir, ou lorsque vous vous inquiétez et êtes mécontent d'une circonstance ou d'une condition de votre sort. Il n'y a pas de visions du Christ pour les rêveurs oisifs ou pour les escrocs malheureux.

Supposons que vous reveniez, comme les disciples, de moments de privilège et d'exaltation, et que vous vous retrouviez face à face avec une ancienne vie qui vous semble désormais indigne de vous ; pourtant, pour le moment, votre devoir est clair, et si vous voulez avoir une vision du Christ, vous devez assumer ce devoir avec joie. Supposons que votre vie familiale soit étroite, monotone, peu poétique, peu sympathique, voire froide et méchante ; pourtant, c'est là, pour le moment, votre place, et là sont vos devoirs. Et c'est précisément dans cette sphère, aussi étroite qu'elle paraisse , qu'il y a de la place pour les visions les plus saintes du Christ et pour les révélations les plus riches de sa grâce et de sa bénédiction.

On se souviendra que Jésus lui-même, après avoir eu un aperçu des choses supérieures dans le temple, retourna dans la modeste maison d'un paysan de Nazareth et y trouva pendant dix-huit ans encore suffisamment d'espace pour le développement de la nature la plus riche que ce monde ait jamais connue, et pour l'accomplissement du devoir le plus complet et le plus complet jamais accompli sous les cieux. Quels que soient donc notre recul devant les tâches ennuyeuses, notre dégoût pour les devoirs mornes, notre mécontentement à l'égard d'un poste étroit et de circonstances limitantes, nous devons nous mettre promptement à l'œuvre que Dieu nous assigne et accepter les conditions qui figurent dans le sort qui nous est assigné. il nomme. Et dans nos travaux les plus durs, nos tâches les plus ennuyeuses, nos devoirs les plus humbles, notre environnement le plus morne et le plus désagréable, nous n'aurons qu'à lever les yeux pour voir la forme bénie du Christ se tenant devant nous, avec joie, sympathie et encouragement pour nous.

Il y a plus de leçon. Non seulement le Christ s'est révélé à ces disciples alors qu'ils accomplissaient leur humble travail, mais il les a aidés dans cette tâche. Il leur a indiqué où jeter leurs filets et a transformé leur échec en succès. Nous pensons que Christ nous aide à endurer la tentation, à supporter l'épreuve, à vaincre le péché, à accomplir nos devoirs spirituels, mais nous oublions parfois qu'il est tout aussi prêt à nous aider dans notre travail commun. Ce matin-là, il aidait les disciples à pêcher. Il nous aidera dans notre commerce ou nos affaires, ou dans tout travail que nous aurons à accomplir.

Nous avons tous nos jours de découragement, où les choses ne vont pas bien. Les jeunes échouent dans leurs cours à l'école, même s'ils ont étudié dur et ont vraiment fait de leur mieux. Ou bien les mères échouent dans leurs tâches ménagères. Les enfants sont difficiles à contrôler. Il a été impossible de garder un bon caractère, de maintenir cette douceur et cette affection qui sont si essentielles à une journée heureuse. Ils essaient d'être doux, gentils et patients, mais, malgré tous leurs efforts, leur esprit devient ébranlé et tourmenté par les soucis. Ils arrivent à la fin de longues et malheureuses heures perturbés, vaincus, découragés. Ils ont fait de leur mieux, mais ils estiment qu'ils n'ont fait qu'échouer. Ils tombent à genoux, mais ils n'ont que des larmes pour prier. Pourtant, s'ils lèvent les yeux, ils verront au bord de la mer agitée de leur petite vie quotidienne la forme de Celui dont la présence leur donnera force et confiance, et qui les aidera à remporter la victoire. Devant son doux sourire, les ombres s'enfuient. Sur sa parole, une nouvelle force lui est donnée, et ensuite le travail est facile et tout va à nouveau bien.

Les hommes aussi, dans leur vie bien remplie, sont continuellement appelés à lutter, souvent à souffrir. La vie n'est pas facile pour quiconque veut vivre véritablement. Le travail est dur ; les fardeaux sont lourds ; la responsabilité est grande ; les épreuves sont douloureuses ; le devoir est grand. Les compétitions de la vie sont féroces ; ses rivalités sont vives ; ses frictions broyent parfois jusqu'à l'âme des hommes jusqu'à la mort. Il est difficile de vivre doucement au milieu des irritations qui touchent continuellement les points les plus sensibles. Il est difficile de vivre avec amour et charité quand on voit tant d'injustice et de mal, et qu'on doit parfois endurer soi-même le manque de charité et l'injustice des hommes. Il est difficile de travailler dur et de ne jamais se reposer, et même alors, il est difficile de gagner suffisamment d'argent pour nourrir et vêtir ceux qui dépendent d'eux pour leurs soins. Il est difficile de résister aux assauts féroces de la tentation et de rester purs, exempts des souillures du monde et prêts à aller au ciel à toute heure où le Seigneur viendra.

Il n'est pas étonnant que les hommes soient parfois découragés et perdent courage. Ils sont comme ces disciples fatigués ce matin de printemps sur la mer de Galilée, après avoir travaillé toute la nuit sans rien prendre. Mais n'oublions pas la vision qui attendait ces disciples à l'aube : Jésus ressuscité debout sur le rivage avec son salut d'amour et son aide puissante qui transforma instantanément l'échec en bénédiction. Ainsi, face à toute vie de disciple chrétien tenté, en difficulté et laborieuse, le Christ est toujours debout, prêt à donner la victoire et à guider vers le bien le plus élevé.

La vie serait plus facile pour nous tous si nous pouvions prendre conscience de la présence et de l'aide réelle du Christ dans toutes nos expériences. Nous n'avons besoin de nous soucier que d'une seule chose : être toujours fidèles à notre devoir et loyaux envers notre Maître. Ensuite, plus la ronde est terne et plus la lutte est douloureuse, plus nous serons toujours sûrs du sourire et de l'aide du Christ. Nous pouvons nous glorifier de nos infirmités, car alors la puissance de Dieu repose sur nous.

Ce n'est généralement pas dans les voies faciles, dans les environnements luxueux, sur les sentiers des honneurs du monde, dans le sort agréable, que l'on aperçoit les visions célestes les plus brillantes. Il y a eu plus de révélations bénies du Christ dans les prisons que dans les palais, dans les foyers de pauvreté que dans les foyers d'abondance, dans les difficultés que dans la facilité. Il nous suffit d'accepter notre travail, notre corvée, notre labeur, au nom du Christ, et la gloire du Christ le transfigurera et brillera sur nos visages.

CHAPITRE IV.

LES POSSIBILITÉS DE PRIÈRE.

"Demandez et recevez - c'est dit avec douceur ; mais je ne
sais pas pour quoi plaider ,
car le souhait est exaucé, l'espoir est dépassé ,
et oui, les remerciements renvoient ma pensée. Si je priais, je n'ai rien à dire,
mais ceci , afin que Dieu soit encore Dieu : Pour que le temps vive, Pour
qu'il soit encore à donner, Et que sa volonté soit plus douce que mon
souhait. —DAVID A. WASSON.

Nous ne commençons pas à réaliser les possibilités de la prière. Il n'y a par
exemple aucune limite à la portée de la prière. Nous pouvons y embrasser
toutes les choses qui appartiennent à notre vie, non seulement celles qui
affectent nos intérêts spirituels, mais aussi celles qui semblent être
uniquement des questions du monde. Rien de ce qui nous concerne d'une
manière ou d'une autre n'est indifférent à Dieu. L'un d'eux écrit : « Apprenez
à mêler à vos prières les petits soucis, les chagrins insignifiants, les petits
besoins de la vie quotidienne. Tout ce qui vous affecte, que ce soit un
changement de regard, un changement de ton, une parole méchante, un tort,
une blessure, une demande que vous ne pouvez pas satisfaire, une tristesse
que vous ne pouvez pas divulguer, transformez-la en prière et envoyez-la à
Dieu. Des révélations que vous ne pouvez pas faire à l'homme, vous pouvez
les faire au Seigneur. Les hommes peuvent être trop petits pour vos grandes
affaires ; Dieu n'est pas trop grand pour vos petits. Adonnez-vous seulement
à la prière, quelle que soit l'occasion qui l'exige.

Cependant, nous découvrons bientôt, si nous sommes vraiment sérieux, que
nos désirs sont trop grands pour être décrits. Nous avons dans notre cœur
des sentiments, des faims , des affections, des désirs que nous voulons exhaler
à Dieu ; mais quand nous commençons à lui parler, nous ne trouvons aucun
langage adéquat à leur expression. Nous essayons de parler à Dieu de notre
tristesse pour le péché, de notre faiblesse et de notre état de péché, puis de
notre désir d'être meilleur, d'aimer davantage le Christ, de le suivre de plus
près, et de notre faim de justice, de sainteté ; mais c'est très peu de ces désirs
profonds que nous pouvons exprimer par la parole.

La langue est un merveilleux cadeau. Le pouvoir de mettre des mots sur les
pensées et les émotions de notre âme, afin que d'autres puissent les
comprendre, est l'un des pouvoirs les plus merveilleux que le Créateur nous
a accordés. Ainsi nous communiquons nos sentiments et nos désirs les uns
aux autres. C'est une privation douloureuse lorsque les portes de la parole
sont fermées et verrouillées et lorsque l'âme ne peut pas exprimer ses pensées.

Pourtant, nous savons tous, à moins que nos pensées et nos sentiments soient très superficiels et insignifiants, que même la merveilleuse faculté du langage est insuffisante pour exprimer tout ce que l'âme peut expérimenter. Aucun véritable orateur ne trouve jamais de phrases assez majestueuses pour interpréter les sentiments qui brûlent dans son âme. L'amour profond et pur n'est jamais capable de mettre des mots sur ses sentiments et ses émotions les plus sacrés. Ce n'est que le lieu commun de la vie intérieure qui peut être exprimé même dans le langage le plus raffiné. Il y a toujours plus qui se cache, inexprimé, que ce qui est dit dans les mots.

Il est particulièrement vrai pour la prière que nous ne pouvons pas exprimer ses sentiments les plus profonds et ses désirs les plus sacrés. Nous sommes cependant réconfortés par l'assurance que Dieu peut entendre les pensées. Il sait ce que nous voulons dire et ne peut pas l'exprimer. Votre ami le plus cher peut se tenir près de vous lorsque votre esprit est plein de pensées, mais à moins que vous ne parliez ou ne donniez un signe, il ne peut connaître aucune de vos pensées. Il peut rapprocher son oreille de votre cœur et il en entendra les battements ; mais il ne peut pas entendre vos sentiments, vos désirs. Pourtant, Dieu sait tout ce qui se passe dans votre âme. Chaque pensée qui traverse votre cerveau est entendue au paradis.

"O Seigneur, tu m'as sondé et tu m'as connu.
Tu connais mon assise et mon soulèvement,
tu comprends de loin ma pensée.
Tu sondes mon chemin et mon couché,
et tu connais toutes mes voies. Car il n'y a pas un mot dans ma langue, mais voici, ô Seigneur, tu le sais parfaitement.

Nous n'avons donc pas besoin de nous inquiéter si nous ne pouvons pas exprimer nos souhaits en mots lorsque nous prions, car Dieu entend les souhaits, les désirs du cœur, les faims et les soifs de l'âme . Les choses que nous ne pouvons pas dire avec la parole des lèvres, nous pouvons demander à Dieu de les retirer de la parole de notre cœur. Il n'y a pas la moindre lueur de désir qui s'élève à l'horizon lointain de notre être, mais Dieu le voit. Il n'y a pas de faim de cœur, pas de désir d'être plus saint et meilleur, pas d'aspiration à ressembler davantage à Christ, pas de désir de vivre pour Dieu et d'être une bénédiction pour les autres, pas le moindre désir de se débarrasser du péché. puissance, mais Dieu le sait. Saint Paul a une parole merveilleuse à ce sujet : Dieu, dit-il, « est capable de faire infiniment au-delà de tout ce que nous demandons ou pensons ». Lorsque notre cœur est profondément ému, quelles grandes choses pouvons-nous demander avec des mots ? Alors, combien pouvons-nous investir dans des pensées de prière, dans des désirs, des aspirations, au-delà des possibilités de parole ? Dieu peut faire plus que nous ne pouvons prier en paroles ou en pensées.

Notre prière la plus véritable est celle que nous ne pouvons exprimer par aucun mot, les désirs inexprimables de notre cœur, lorsque nous nous asseyons aux pieds de Dieu et que nous levons les yeux vers son visage et ne parlons pas du tout, mais laissons notre cœur parler.

" Plutôt que des amis s'assoient parfois main dans la main,
et ne gâchent pas avec des mots le doux discours de leurs yeux ;
ainsi, dans un doux silence, inclinons-nous plus souvent,
et n'essayons pas avec des mots de faire comprendre à Dieu. Le désir est prière ; sur ses ailes nous nous élevons vers l'endroit où le souffle du ciel bat sur notre front. »

Nos prières les meilleures et les plus vraies ne concernent pas les choses terrestres, mais les bénédictions spirituelles. Lorsque les objets sont temporels, nous ne savons pas pour quoi nous devrions prier, ce qui serait réellement une bénédiction pour nous. Vous êtes un parent aimant et votre enfant est très malade. Il semble qu'il doive mourir. Vous vous mettez à genoux devant Dieu pour prier, mais vous ne savez pas quoi demander. Votre cœur brisé plaiderait rapidement : « Seigneur, épargne mon précieux enfant » ; mais vous ne savez pas que c'est mieux. Peut-être que vivre ne serait pas le plus beau cadeau que Dieu fasse à votre enfant ou à vous-même. Alors, n'osant pas choisir, vous pouvez seulement dire : « Seigneur Dieu, je ne peux pas parler davantage ; mais tu connais ton enfant ; tu comprends ce qui est le mieux.

Ou bien, l'un de vos plans, que vous chérissez depuis longtemps, semble sur le point d'être contrecarré. Vous allez vers Dieu et commencez à prier ; mais vous ne savez pas quoi demander. Vous pouvez seulement dire : « Seigneur, je ne peux pas dire ce qui est le mieux ; mais tu le sais . » Quel réconfort que Dieu sache effectivement et que nous puissions en toute sécurité laisser le fardeau de notre cœur entre ses mains, sans aucune demande !

"Seigneur, j'avais choisi un autre lot,
Mais ensuite je n'avais pas bien choisi ; Ton choix, et vraiment le tien, était bon ; Aucun sort différent, recherche le ciel ou l'enfer, ne m'avait béni, pleinement compris, aucun autre que tu n'ordonnes . "

Nous ne pouvons pas faire grand-chose de plus dans toute demande concernant des choses temporelles. L'archidiacre Farrar déclare : « Il y a deux choses à retenir à propos des prières pour les choses terrestres : premièrement, demander principalement des bénédictions terrestres est un épouvantable éclipsement et une vulgarisation de la grandeur de la prière, comme si vous demandiez une poignée d'herbe, quand vous Vous pourriez demander une poignée d'émeraudes ; l'autre que vous devez toujours demander pour des désirs terrestres avec une soumission absolue de votre propre volonté à celle de Dieu. Ainsi, le silence est souvent la meilleure et la plus vraie prière : s'incliner devant Dieu dans les grandes crises de la vie ; mais ne disant rien, laissant le fardeau entre les mains de Dieu sans aucun choix. Nous sommes toujours en sécurité lorsque nous laissons Dieu nous guider dans toutes nos voies.

" Le mal qu'il bénit est notre bien,
et le bien non béni est mauvais;
et tout ce qui semble le plus mal est bien, si telle est sa douce volonté."

Bon nombre des possibilités de prière les plus riches se trouvent au-delà des vallées de douleur et de chagrin. Les meilleures choses de la vie ne peuvent être obtenues qu'à un prix très élevé. Lorsque nous prions pour plus de sainteté, nous ne savons pas ce que nous demandons ; du moins, nous ne connaissons pas le prix que nous devons payer pour obtenir ce que nous demandons. Notre « Plus proche, mon Dieu, de toi » doit être conditionné par, et ne peut souvent venir que par,

"Même si c'est une croix,
qui me relève ."

Non seulement les choses spirituelles sont les meilleures choses, mais bien souvent, les choses spirituelles ne peuvent être saisies qu'en lâchant prise et en perdant de nos mains les choses terrestres que nous aimerions garder. Dieu nous aime trop pour exaucer nos prières de réconfort et de soulagement, même lorsque nous les faisons, s'il ne peut le faire qu'au prix d'une perte spirituelle pour nous. Il préfère qu'il nous soit difficile de vivre s'il y a une bénédiction dans la dureté, plutôt que de nous faciliter la tâche au prix de la bénédiction.

Il y a certains oiseaux chanteurs qui n'apprennent à chanter que lorsque leurs cages sont obscurcies. Serait-ce une vraie gentillesse de garder ces oiseaux toujours au soleil ? Il y a des cœurs humains qui n'apprennent jamais à chanter le chant de la foi, de la paix et de l'amour, jusqu'à ce qu'ils entrent dans les ténèbres de l'épreuve. Serait-ce un véritable amour pour eux si Dieu entendait leurs prières pour soulager leur douleur ? Nous n'osons donc pas plaider, sauf avec la plus grande méfiance et la plus grande soumission, que Dieu enlèverait la croix de la souffrance.

"Tu ne peux pas dire
à quel point le chagrin d'une dot donne à l'âme une dot riche, combien la
foi et la vision d'aigle de Dieu sont fermes."

Dieu répond-il aux prières ? "Je prie pour une chose depuis des années", dit l'un d'eux, "et elle n'est pas encore arrivée". Dieu a de nombreuses façons de répondre. Parfois, il tarde à donner une réponse meilleure et plus complète. Une pauvre femme se tenait à la porte d'une vigne et regardait vers la vigne. "Voudriez-vous des raisins?" » demanda le propriétaire qui était à l'intérieur.

"Je devrais être très reconnaissante", répondit la femme. "Alors apporte ton panier." Rapidement, le panier fut amené au portail et entra. Le propriétaire le prit et resta longtemps parmi les vignes, jusqu'à ce que la femme se décourage, pensant qu'il ne reviendrait plus. Enfin il revint avec le panier plein. "Je vous ai fait attendre longtemps", dit-il, "mais vous savez que plus vous devrez attendre, meilleurs seront les raisins et plus."

donc parfois le cas dans la prière. Nous apportons notre vase vide à Dieu et lui passons la porte de la prière. Il semble attendre longtemps, et parfois la foi s'évanouit à cause de l'attente. Mais enfin il arrive, et notre panier est rempli de délicieuses bénédictions. Il a attendu longtemps pour pouvoir nous apporter une réponse meilleure et plus complète. Au moins, nous sommes sûrs qu'aucune vraie prière ne reste jamais sans réponse. Il faut attendre que les fruits mûrissent, et cela prend du temps.

Alors parfois, Dieu attend jusqu'à ce qu'une certaine œuvre en nous soit terminée, une certaine préparation qui est nécessaire avant que la meilleure réponse puisse être reçue. Les mots suivants sont suggestifs :

" La prière que vos lèvres ont implorée
pendant tant d'années est-elle restée sans réponse ? La foi commence-t-elle à faiblir ? L'espoir s'en va-t-il, et pensez-vous tous que ces larmes qui coulent sont vaines ? Ne dites pas que le Père n'a pas entendu votre prière ; vous le ferez. ayez votre désir un jour, quelque part.

"Encore sans réponse, bien que lorsque vous avez présenté pour la première fois
cette unique requête au trône du Père ,
il semblait que vous ne pouviez pas attendre le moment de la demander, tant votre cœur était pressé de la faire connaître ? Bien que des années se soient écoulées depuis lors, ne désespérez pas ; le Le Seigneur vous répondra un jour, quelque part.

"Pas encore de réponse? Non, ne dites pas non accordé;
peut-être que votre part n'est pas encore entièrement terminée; le travail a commencé lorsque votre première prière a été prononcée. Et Dieu terminera ce qu'il a commencé. Si vous gardez l'encens allumé là, sa gloire vous verrez un jour , quelque part.

"Pas encore de réponse ? La foi ne peut pas rester sans réponse.
Ses pieds sont fermement plantés sur le roc ; Au milieu des tempêtes les plus violentes, elle se tient intrépide, Ni ne tremble devant le choc du tonnerre le plus fort. Elle sait que l'Omnipotence a entendu sa prière, Et crie : Cela sera fait - un jour, quelque part. »

CHAPITRE V.

OBTENIR LE TOUCHER DU CHRIST.

"C'est la vie - répandre l'amour sans réserve;
le bien et le mal, comme le soleil, le bénit ;
à travers votre fini est son infini suggéré - vous devez être des enfants de
votre Père." —LUCY LARCOM.

Il y avait une puissance merveilleuse dans le contact du Christ lorsqu'il était sur terre. Partout où il posait la main, il laissait une bénédiction, et les malades, les tristes et les fatigués recevaient santé, réconfort et paix. Cette main, glorifiée, tient désormais dans son étreinte les sept étoiles. Pourtant, il y a des sens dans lesquels la touche bénie du Christ se fait encore sentir sur la vie des hommes. Il est aussi réellement dans ce monde aujourd'hui qu'il l'était lorsqu'il traversait sous forme humaine la Judée et la Galilée. Sa main est encore posée sur ceux qui sont fatigués, qui souffrent, qui sont attristés, et, bien que sa pression ne soit pas ressentie, son pouvoir de bénédiction est le même que dans les jours anciens. Il est imposé aux malades lorsque de précieuses paroles célestes de joie et d'encouragement tirées des Écritures sont lues à leur chevet, leur donnant la bénédiction d'une douce patience et apaisant leurs peurs. Il est posé sur les affligés, lorsque les consolations de l'amour divin viennent à leur cœur avec un tendre réconfort, leur donnant la force de se soumettre à la volonté de Dieu et de se réjouir au milieu de l'épreuve. Il est posé sur les faibles et les fatigués, lorsque la grâce du Christ leur vient avec sa sainte paix, faisant taire le tumulte sauvage et donnant le véritable repos de l'âme.

Mais il existe une autre manière par laquelle la main du Christ est posée sur les vies humaines. Il envoie ses disciples dans le monde pour le représenter. "Comme le Père m'a envoyé, moi aussi je vous envoie", est sa propre parole. Bien sûr, la vie chrétienne la meilleure et la plus sainte ne peut être que la reproduction la plus vague et la plus faible de la vie riche, pleine et bénie du Christ. Pourtant, c'est de cette manière, à travers ces vases de terre, qu'il a ordonné de sauver le monde et de guérir, aider, réconforter, élever et édifier les hommes.

"Dans ces vases de terre, trésor céleste
Pour que l'enrichissement de tes pauvres puisse briller ; Tu peux nous
remplir à notre mesure humaine Du trop-plein divin de ton être."

Peut-être qu'en pensant à ce que Dieu fait pour le monde, nous sommes trop enclins à négliger les agents et les instruments humains et à penser qu'il touche directement et immédiatement les vies. Un de nos amis est dans le chagrin et, nous mettant à genoux, nous prions Dieu de le consoler. Mais ne pourrait-il pas envoyer le réconfort par notre propre cœur et nos lèvres ? Celui que nous aimons ne va pas bien, s'éloigne d'une vraie vie, risque même de se perdre. Dans l'angoisse du cœur, nous crions à Dieu, le suppliant de poser la main sur la vie en péril et de la sauver. Mais n'est-il pas possible que notre main soit tendue avec amour et posée, au nom du Christ, sur la vie en danger ?

Il est certain, au moins, que chacun d'entre nous qui connaît l'amour du Christ est ordonné pour être comme le Christ envers les autres ; c'est-à-dire être le messager pour leur apporter le don de la grâce et de l'aide du Christ, et leur montrer l'esprit du Christ, la patience, la douceur, la prévenance, l'amour et le désir du Christ. On nous apprend à dire : « Christ vit en moi ». Si cela est vrai, Christ aimerait les autres à travers nous, et notre contact doit être envers les autres comme le contact même du Christ lui-même. Tout chrétien doit être, à sa mesure humaine, une nouvelle incarnation du Christ, pour qu'on dise : « Il m'interprète le Christ. Il me réconforte dans ma douleur comme le ferait le Christ lui-même s'il venait s'asseoir. à côté de moi. Il est plein d'espoir et patient comme le Christ le serait s'il revenait et me prenait pour son disciple.

Mais avant de pouvoir être à la place du Christ auprès de ceux qui sont attristés, souffrants et en difficulté, nous devons avoir en nous la pensée qui était en lui. Quand saint Paul dit : « L'amour du Christ me contraint », il voulait dire qu'il avait en lui l'amour même du Christ, l'amour qui aimait même les plus méchants, qui aidait même les plus indignes, qui était doux et affectueux même aux plus répugnants. Nous ne sommes jamais prêts à faire le bien dans le monde, au sens le plus vrai du terme ou dans une large mesure, tant que nous ne sommes pas ainsi remplis de l'esprit même du Christ. Nous pouvons aider les gens d'une certaine manière sans les aimer. Nous pouvons leur rendre des services d'une certaine sorte, leur bénéficiant extérieurement ou temporellement. Nous pouvons leur remettre des cadeaux matériels, leur construire des maisons, leur acheter des vêtements, leur apporter du pain ou améliorer leur situation et leur condition. On peut ainsi faire beaucoup de choses pour eux sans avoir dans le cœur aucun amour pour eux, rien de mieux que la commune philanthropie. Mais nous ne pouvons leur apporter l'aide la plus élevée et la plus réelle qu'en les aimant.

"Quand j'ai essayé", dit Emerson, "de me donner aux autres par le biais de services, cela s'est avéré être une astuce intellectuelle, rien de plus. Ils mangent vos services comme des pommes et vous laissent de côté. Mais aimez-les, et ils vous sentent et se réjouissent. en toi tout le temps." Lorsque nous aimons les autres, nous pouvons les aider de toutes les manières profondes et véritables. Nous pouvons mettre des bénédictions dans leur cœur plutôt que simplement entre leurs mains. Nous pouvons entrer dans leur être même, devenir pour eux un nouveau souffle de vie – accélération, inspiration, impulsion.

" Quel est le meilleur ami qu'un ami puisse être
Pour une âme, pour vous ou pour moi ? Non seulement un abri, un
confort, un repos — Un rafraîchissement intime inexprimé ; Pas seulement
un guide bien-aimé Pour parcourir le labyrinthe de la vie à nos côtés,
Ou avec le flambeau de l'amour mener devant Même
s'il y en a beaucoup, il y en a encore plus.

"Le meilleur ami est une atmosphère
chaleureuse de toutes les inspirations, chère, dans laquelle nous respirons le
souffle large et libre de la vie qui n'a aucune souillure de mort. Notre ami
est une partie inconsciente de chaque véritable battement de notre cœur ;
une force, une croissance, d'où nous tirons la santé de Dieu, qui maintient
le monde en vie.

Il y a l'histoire touchante et très suggestive d'une bonne femme en Suède, qui
a ouvert un foyer pour enfants estropiés et malades – des enfants dont
personne d'autre n'était prêt à s'occuper. Le moment venu, elle reçut chez
elle une vingtaine de ces malheureux petits. Parmi eux se trouvait un garçon
de trois ans, qui était un objet des plus effrayants et des plus désagréables. Il
ressemblait à un squelette. Sa peau était couverte de taches et de plaies
hideuses. Il pleurait et pleurait toujours. Ce pauvre petit garçon donnait à la
bonne dame plus de soins et de peine que tous les autres ensemble. Elle faisait
de son mieux pour lui et était aussi gentille que possible : elle le lavait, le
nourrissait, le allaitait. Mais l'enfant était si repoussant dans son apparence et
dans ses manières que, malgré tous ses efforts, elle ne pouvait se résoudre à
l'aimer, et souvent son dégoût se montrait sur son visage malgré ses efforts
pour le cacher. Elle ne pouvait pas vraiment aimer l'enfant.

Un jour, elle était assise sur les marches de la véranda avec cet enfant dans
les bras. Le soleil brillait avec éclat, et le parfum des chèvrefeuilles d'automne,
le gazouillis des oiseaux et le bourdonnement des insectes la berçaient dans
une sorte de sommeil. Puis, mi-éveillée, mi-rêve, elle s'imagina avoir changé
de place avec l'enfant et être allongée là, seulement plus répugnante, plus
répugnante dans son péché que lui.

Au-dessus d'elle, elle vit le Seigneur Jésus penché, la regardant avec amour,
mais avec une expression de doux reproche dans ses yeux, comme s'il voulait
dire : « Si je peux supporter vous qui êtes si plein de péché, vous devriez
sûrement le faire. , pour moi, d'aimer cet enfant innocent qui souffre à cause
du péché de ses parents.

Elle se réveilla en sursaut et regarda le visage du garçon. Lui aussi s'était
réveillé et la regardait en face avec beaucoup d'attention. Désolée de son

dégoût passé et sentant dans son cœur une nouvelle compassion pour lui, elle pencha son visage vers le sien et l'embrassa aussi tendrement que jamais elle avait embrassé son propre bébé. Avec un regard surpris dans les yeux et une rougeur sur la joue, le garçon lui rendit un sourire si doux qu'elle n'en avait jamais vu un pareil auparavant. A partir de ce moment, un changement merveilleux se produisit chez l'enfant. Il comprenait la nouvelle affection qui était venue remplacer l'aversion et la haine dans le cœur de la femme. Cette touche d'amour humain a transformé sa nature maussade et agitée en douceur et en beauté. La femme avait eu une vision d'elle-même dans cet enfant taché et repoussant, et de l'amour merveilleux du Christ pour elle malgré son état de péché. Sous l'inspiration de cette vision , elle était devenue véritablement le Christ pour l'enfant. L'amour du Christ était entré dans son cœur et se déversait à travers elle sur cette vie pauvre, misérable et lésée.

Le Christ aime les laids, les difformes, les répugnants, les lépreux. Nous n'avons qu'à penser à nous-mêmes tels que nous sommes à ses yeux, puis à nous rappeler que, malgré toute la répugnance morale et spirituelle qui est en nous, il nous aime pourtant, ne recule pas devant nous, pose la main sur nous pour nous guérir. , nous emmène dans la compagnie la plus intime avec lui-même. Cette chrétienne avait eu une vision d'elle-même et du Christ l'aimant toujours et condescendant à la bénir et à la sauver ; et maintenant elle était prête à être comme le Christ, à montrer l'esprit du Christ, à être la pitié et l'amour du Christ envers cette pauvre et répugnante enfant couchée sur ses genoux.

Elle avait reçu le contact du Christ en ayant l'amour du Christ dans son cœur. Et nous ne pouvons l'obtenir autrement. Nous devons nous considérer comme les serviteurs du Christ, envoyés par lui pour être aux autres ce qu'il est pour nous. Alors nous serons aptes à être une bénédiction pour chaque vie que notre vie touche. Nos paroles palpiteront alors d'amour et trouveront leur chemin vers le cœur de ceux qui sont fatigués et affligés. Il y aura alors une qualité sympathique dans notre vie qui donnera un étrange pouvoir d'utilité à tout ce que nous faisons.

Un écrivain réfléchi dit à propos de l'influence : « Qu'un homme se rapproche davantage du Christ et ouvre plus largement sa nature pour admettre l'énergie du Christ et, qu'il le sache ou non, il est peut-être préférable qu'il le fasse . Je ne le sais pas, il grandira certainement en puissance pour Dieu auprès des hommes et pour les hommes auprès de Dieu. Nous obtenons la puissance pour Christ seulement lorsque nous sommes remplis de la vie même de Christ.

Partout autour de nous, il y a des vies froides, tristes et ennuyeuses qui, au contact de notre main, dans une chaleur aimante, au nom du Christ, seraient merveilleusement bénies et transformées. Quelqu'un raconte être entré dans une bijouterie pour regarder certaines pierres précieuses. Entre autres pierres, on lui montra une opale. Cependant, comme il était là, il paraissait terne et totalement terne . Alors le bijoutier le prit dans sa main, le tint quelques instants et le montra de nouveau à son client. Maintenant, il brillait et brillait de toutes les gloires de l'arc-en-ciel. Il lui fallait le toucher et la chaleur d'une main humaine pour faire ressortir son irisation. Il y a partout autour de nous des vies humaines riches de leurs possibilités de beauté et de gloire. Aucune pierre précieuse ni aucun bijou n'est aussi précieux ; mais tels que nous les voyons dans leur condition terrestre, ils sont ternes et sans éclat , sans éclat ni beauté. Peut-être même sont-ils couverts de taches et reniés par le péché. Pourtant, ils n'ont besoin que du contact de la main du Christ pour faire ressortir en eux l'éclat, la beauté, la beauté de l'image divine. Et vous et moi devons être la main du Christ pour ces vies ternes ou tachées. En les touchant de notre amour chaleureux, la splendeur endormie qui est en eux, cachée peut-être sous les dégâts et la ruine du péché, brillera encore, le début de la gloire pour eux.

CHAPITRE VI.

La bénédiction d'un fardeau.

"Alors accueillez chaque rebuffade,
qui rend la douceur de la terre rugueuse, chaque piqûre qui ne demande ni
de s'asseoir, ni de se tenir debout, ni de partir. Soyez nos joies à trois parts
de douleur ! Efforcez-vous et gardez bon marché la tension ; apprenez, ne
tenez pas compte de la douleur ; osez, ne jamais en vouloir au parturition!"
—ROBERT BROWNING.

Ce ne sont pas toujours les choses les plus faciles qui sont les meilleures.
Habituellement, nous devons payer pour toute bonne chose sa pleine valeur.
Sur tous les marchés, des produits qui coûtent peu peuvent être considérés
comme ne valant que peu. Toutes nos bénédictions peuvent être évaluées de
la même manière. S'ils arrivent facilement, sans grands efforts ni sacrifices,
leur valeur pour nous n'est pas grande. Mais si nous ne pouvons les obtenir
que par le renoncement, les larmes, l'angoisse et la douleur, nous pouvons
être sûrs qu'ils cachent en eux l'or même de Dieu. C'est ainsi que bon nombre
de nos bénédictions les meilleures et les plus riches nous parviennent sous
une forme ou une autre de dureté brutale.

Prenez ce que nous appelons une corvée. La vie en est pleine. Cela commence
dès l'enfance. Il y a l'école, avec ses horaires, ses leçons, ses règles, ses tables,
ses tâches, ses récitations. Puis, quand on grandit, au lieu de sortir de cet
esclavage de la routine, de cette corvée interminable, cela continue comme
dans l'enfance. Il se lève à la même heure chaque matin, se dépêche
d'accomplir les tâches de la journée et fait les mêmes choses encore et encore,
six jours par semaine, cinquante-deux semaines par an, et ainsi de suite jusqu'à
la fin de la vie. Pour la grande majorité d'entre nous, il n'y a presque aucune
interruption dans les cycles monotones de nos journées au fil des longues
années. Beaucoup d'entre nous soupirent et souhaitent pouvoir, d'une
manière ou d'une autre, se libérer de cette routine sans fin. Nous le
considérons comme un esclavage douloureux et en aucun cas comme l'idéal
d'une vie noble et belle.

Mais en réalité, une grande partie de ce qu'il y a de meilleur dans la vie vient
de cet esclavage même. Un auteur récent suggère une nouvelle béatitude : «
Béni soit la corvée. » Il nous rappelle qu'aucune béatitude biblique n'est facile,
mais que chacune d'entre elles est le fruit d'une expérience de dureté ou de
douleur. Il nous montre que les corvées de la vie, aussi fastidieuses et
désagréables soient-elles, produisent de riches trésors de bien et de
bénédiction. La corvée, nous dit-il, est le secret de toute culture. Il cite
comme principes fondamentaux d'un caractère fort et fin, « le pouvoir

d'attention ; le pouvoir d'industrie ; la promptitude à commencer le travail ; la méthode, la précision et la rapidité dans l'exécution du travail ; la persévérance ; le courage devant les difficultés ; abnégation, tempérance"; et prétend que ces qualités ne peuvent être obtenues nulle part ailleurs que dans la corvée et la pression incessantes de ces tâches routinières que nous appelons corvées. "C'est parce que nous devons aller, matin après matin, malgré la pluie, le beau temps, les maux de tête, les chagrins d'amour, à l'endroit désigné et accomplir le travail désigné; parce que, et seulement parce que nous devons nous en tenir à ce travail pendant les huit ou dix heures, longtemps après le repos, ce serait si doux ; parce que les leçons de l'écolier doivent être apprises à neuf heures et apprises sans erreur ; parce que les comptes sur le grand livre doivent correspondre à un centime ; parce que les marchandises doivent correspondre exactement avec la facture ; parce qu'il faut garder bonne humeur avec les enfants, les clients, les voisins, non pas sept fois, mais soixante-dix fois sept ; parce qu'il faut surveiller le péché qui l'habite aujourd'hui, demain, après-demain ; bref,... ... c'est à cause, et seulement à cause de l'ornière, du travail acharné, de la routine et du bourdonnement du travail, que nous obtenons enfin ces fondations personnelles posées, qui sont essentielles à tout caractère noble.

donc une bénédiction pour nous dans le travail le plus commun et le plus fastidieux de notre vie. « Béni soit la corvée » est véritablement une béatitude. Nous avons tous besoin de la discipline de ce travail infatigable pour nous forger un beau caractère. Même les plus belles fleurs doivent avoir leurs racines dans la terre commune ; ainsi, bon nombre des choses les plus douces de la vie humaine naissent du sol de la corvée. "Sois, ô homme, semblable à la rose. Sa racine est certes dans la terre et la boue, mais ses fleurs dégagent encore grâce et parfum."

Reprenez les luttes et les conflits de la vie. Il y a, dans l'expérience de chacun, des obstacles, des entraves et des difficultés qui rendent difficile une vie réussie. Chacun doit avancer et gravir les échelons de la résistance. Cela est vrai de la vie physique. Chaque bébé qui naît commence immédiatement une lutte pour l'existence. Être victorieux et vivre, ou succomber et mourir ? est la question de chaque berceau, et seulement la moitié des bébés qui naissent atteignent l'adolescence. Après cela, et jusqu'à sa fin, la vie est une lutte continue contre les multiples formes d'infirmité physique. Si nous vivons vieux, ce doit être grâce à notre victoire sur l'antagonisme incessant des accidents et des maladies.

Il en va de même pour le progrès mental. Il faut le faire contre la résistance. Il n'est jamais facile de devenir un érudit ou d'accéder à une culture intellectuelle. Il faut des années et des années d'études et de discipline pour développer et entraîner les facultés de l'esprit. Un étudiant indolent et indulgent peut avoir des moments faciles ; il ne s'embarrasse jamais de problèmes difficiles ; il laisse passer les choses difficiles, sans se tourmenter le cerveau avec elles. Mais en éludant le fardeau, il manque la bénédiction qu'il y avait pour lui. Le seul chemin vers les joies et les récompenses de l'érudition est celui d'un labeur patient et persistant.

Cela est également vrai dans la vie spirituelle. Nous entrons dans un monde d'antagonisme et d'opposition au moment où nous décidons, aux pieds du Christ, d'être chrétiens, d'être de vrais hommes ou femmes, d'abandonner le péché, d'obéir à Dieu, d'accomplir notre devoir. Il n'arrive jamais un jour où nous puissions vivre noblement et dignement sans effort, sans résistance aux mauvaises influences, sans lutter contre le pouvoir de la tentation. Il n'est jamais facile d'être bon. La croix est toujours à nos pieds, et chaque jour elle doit être prise et portée si nous voulons suivre le Christ. Nous avons tendance à nous lasser de cette lutte sans fin et à nous décourager parce qu'elle n'apporte ni repos ni apaisement.

Mais ici encore, nous apprenons que c'est précisément à partir de telles luttes que nous devons acquérir la noblesse et la beauté de caractère vers lesquelles nous aspirons. L'un des vieux martyrs écossais avait sur son blason la devise : *Sub pondere cresco* ("Je grandis sous un poids"). Sur la crête se trouvait un palmier, avec des poids dépendant de ses feuilles. Malgré le poids, l'arbre était droit comme une flèche, soulevant sa couronne de feuillage gracieux très haut dans l'air serein. Il est bien connu que le palmier pousse mieux lorsqu'il est chargé de poids. Ainsi, ce martyr a témoigné que lui, comme le bel arbre de l'Orient, a grandi le mieux dans sa vie spirituelle sous les poids.

C'est la loi universelle de la croissance spirituelle. Il doit y avoir de la résistance, des luttes, des conflits, sinon il ne peut y avoir de développement de force. Nous sommes enclins à plaindre ceux dont la vie est une scène de labeur et de difficultés, mais les anges de Dieu ne les plaignent pas, si seulement ils sont victorieux ; car dans leur victoire, ils grimpent chaque jour vers les hauteurs sacrées de la sainteté. Les béatitudes de l'Apocalypse sont toutes destinées aux vainqueurs. Les récompenses et les couronnes du Ciel se trouvent au-delà des plaines de bataille. La vie spirituelle a toujours besoin d'opposition. Il s'épanouit de manière plus luxuriante dans des circonstances défavorables. Nous grandissons mieux sous le poids. Nous trouvons nos plus grandes bénédictions dans les fardeaux que nous redoutons de porter.

Le mot « personnage » à son origine est suggestif. Il vient d'une racine qui signifie gratter, graver, tailler des sillons. Ensuite, cela signifie ce qui est gravé ou découpé sur quoi que ce soit. Dans la vie, c'est donc ce qui éprouve des coupures ou des sillons dans l'âme. Un bébé n'a pas de caractère. Sa vie est comme un morceau de papier blanc sur lequel rien n'est encore écrit ; ou bien c'est comme une tablette de marbre lisse, sur laquelle le sculpteur n'a encore rien gravé ; ou la toile, en attendant les couleurs du peintre. Le caractère se forme au fil des années. C'est l' écriture, la chanson, l'histoire, mise sur le papier. C'est la gravure, la sculpture, que le marbre reçoit sous le ciseau. C'est le tableau que l'artiste peint sur la toile. Le caractère final est ce qu'est un homme lorsqu'il a vécu toutes ses années terrestres. Chez le chrétien, ce sont les lignes de la ressemblance du Christ tracées, parfois ridées et cicatrisées, sur son âme par l'Esprit divin au moyen de la grâce et des expériences de sa propre vie.

J'ai vu un beau vase et j'ai demandé son histoire. Autrefois, c'était un morceau d'argile commune gisant dans l'obscurité. Ensuite, il était grossièrement déterré, broyé et broyé dans le moulin, puis mis sur la roue et façonné, puis poli et teinté et mis dans le four et brûlé. Finalement, après de nombreux processus, il se retrouva sur la table, un joyau d'une gracieuse beauté. D'une manière analogue à cela, tout caractère noble se forme. Argile commune, elle passe d'abord par mille processus et expériences, dont beaucoup sont dures et douloureuses, jusqu'à ce qu'elle soit enfin présentée devant Dieu, irréprochable dans sa beauté, portant les traits du Christ lui-même.

La beauté spirituelle ne peut jamais être atteinte gratuitement. La bénédiction est toujours cachée dans le fardeau et ne peut être obtenue qu'en soulageant le fardeau. Le moi doit mourir si le bien en nous doit vivre et briller de son éclat. Michel-Ange avait l'habitude de dire, alors que les éclats tombaient du marbre sur le sol de son atelier : « Pendant que le marbre se détériore, l'image grandit ». Il doit y avoir un gaspillage de soi, une érosion continue des choses qui sont chères à la nature, si les choses qui sont vraies, justes, honorables, pures et belles, doivent ressortir dans la vie. Le marbre doit se perdre tandis que l'image grandit.

Alors prenez la souffrance. Ici aussi, la même loi prévaut. Tout le monde souffre. Augustin a dit : « Dieu a eu un Fils sans péché ; il n'en a pas sans chagrin. » Depuis le premier cri de l'enfance jusqu'à ce que la vie du vieil homme s'éteigne dans un soupir de douleur, la souffrance est une condition de l'existence. Il se présente sous de multiples formes. Maintenant, il est malade ; le corps est déchiré par la douleur ou brûle par la fièvre. La maladie est souvent un lourd fardeau. Pourtant, même ce fardeau comporte une bénédiction pour le chrétien. La maladie bien supportée nous rend meilleurs. Cela libère les chaînes du monde. Cela purifie le cœur. Cela dégrise l'esprit. Cela tourne les yeux vers le ciel. Il enlève une grande partie de l'illusion de la vie et révèle ses meilleures réalités. La maladie dans un foyer de foi, de prière et d'amour adoucit tous les cœurs de la famille, rend la sympathie plus profonde, rapproche toute la famille.

Les problèmes prennent bien d'autres formes. Cela peut être une amère déception qui s'abat sur une jeune vie lorsque l'amour n'a pas été véritable, ou lorsque le caractère s'est révélé indigne, transformant les belles fleurs de l'espoir en feuilles mortes sous les pieds. Il y a des vies qui portent la douleur et portent les souvenirs cachés d'un tel chagrin pendant de longues années, les rendant tristes au cœur même lorsqu'elles marchent sous le plus doux soleil.

Ou bien il peut s'agir de l'échec d'un autre espoir, comme lorsque l'on suit un rêve brillant et ambitieux pendant des jours et des années et qu'il ne s'agit que d'un rêve. Ou bien il peut s'agir d'un chagrin plus aigu et plus amer lorsqu'un ami – un enfant, un frère ou une sœur, un mari ou une femme – se porte mal. Dans un tel cas, même le réconfort divin ne peut guérir la blessure du cœur ; l'amour ne peut que souffrir, et aucune main ne peut atténuer la douleur. L'angoisse que l'amour endure à cause des péchés des autres est l'une des plus tristes souffrances de la terre.

Il y a des chagrins qui n'accrochent aucun crêpe à la sonnette, qui ne portent pas de vêtements noirs, qui ne ferment aucun volet, qui ne versent aucune larme visible, qui ne peuvent obtenir de sympathie que celle du Christ béni et peut-être d'un être humain le plus proche. frère, et doit sourire devant les hommes et continuer le travail de la vie comme si tout était joie dans le cœur. Si nous connaissions la vie intérieure de beaucoup de personnes que nous rencontrons, nous serions très doux avec elles et excuserions chez elles les choses qui nous semblent étranges ou excentriques. Ils portent le fardeau d'un chagrin secret. Nous ne commençons pas à connaître les chagrins de nos frères.

Il n'est pas nécessaire d'essayer de résoudre cette vieille mais toujours nouvelle question du cœur humain : « Pourquoi Dieu permet-il tant de souffrance chez ses enfants ? Il est vain de poser cette question, et tous les efforts pour y répondre sont non seulement vains, mais même irrévérencieux. Nous pouvons cependant être sûrs d'une chose : dans chaque souffrance et dans chaque épreuve se cache une bénédiction. Nous pouvons le manquer, mais il est là, et la perte est la nôtre si nous ne l'obtenons pas. Chaque nuit de chagrin porte dans son sein sombre ses propres lampes de réconfort. Les ténèbres du chagrin et de l'épreuve sont pleines de bénédictions.

" L'obscurité a de nombreuses vertus précieuses ;
l'obscurité distille les rosées les plus divines ; l'obscurité est riche en rossignols, en rêves et en muse céleste.

"De chagrin, d'obscurité, d'épine, de froid,
ne te plains pas, mon cœur, de ces rives dans le courant de la volonté."

Les vies les plus bénies au monde sont celles qui ont supporté le fardeau de la souffrance. « Où pensez-vous, demande James Martineau, que le Père céleste entend-il les tons de l'amour le plus profond et voit-il sur le visage élevé la lumière de la gratitude la plus sincère ? Non pas là où ses dons sont les plus abondants, mais là où ils sont les plus maigres. ; non pas dans les salles des ambitions réussies, ni même dans les demeures d'une paix domestique ininterrompue ; mais là où le paria, fuyant la persécution, s'agenouille le soir sur les rochers sur lesquels il dort ; près de la tombe fraîche, où, comme la terre est ouvert, le ciel en réponse s'ouvre aussi ; près de l'oreiller du malade émacié, où l'œil enfoncé, privé de sommeil, converse avec les étoiles silencieuses, et la voix creuse énumère dans une prière basse la maigre liste des réconforts, les bénédictions faciles à retenir, et le récit abrégé des espoirs. Génial, presque miraculeux, est le sol du chagrin, où la plus petite graine d'amour, tombant à temps, devient un arbre, dans le feuillage duquel les oiseaux au chant béni se logent et chantent sans cesse.

Les foyers véritablement les plus heureux, les plus doux et les plus tendres ne sont pas ceux où il n'y a pas eu de chagrin, mais ceux qui ont été éclipsés par le chagrin et où le réconfort du Christ a été accepté. Le souvenir même du chagrin est une douce bénédiction qui plane toujours sur la maison, comme la lueur du coucher du soleil, comme le silence qui vient après la prière.

Dans chaque fardeau de tristesse, il y a une bénédiction envoyée par Dieu, que nous ne devons pas rejeter. Lors d'une des batailles de Crimée, un boulet de canon frappa l'intérieur d'un fort, entaillant la terre et gâchant tristement la beauté du jardin de l'endroit. Mais du vilain gouffre jaillit une source d'eau, qui coula ensuite, une fontaine vivante. Ainsi, les coups de chagrin déchirent nos cœurs, laissant souvent des blessures et des cicatrices, mais ils ouvrent pour nous des fontaines de riches bénédictions et de vie nouvelle.

" Alors Sorrow murmura doucement : " Prends
ce fardeau. N'aie pas peur. Une heure est courte. Tu te réveilleras à peine
pour prendre conscience que j'ai posé ma main sur toi, quand l'heure sera
passée ; et plus heureux alors Pour le bref puissance édifiante de la douleur,
tu n'auras qu'à plaindre les hommes sans chagrin.'"

Ce sont des allusions aux bénédictions des fardeaux. Notre travail ennuyeux, accepté, nous formera à un caractère fort et noble. Nos tentations et nos difficultés, affrontées victorieusement, tissent des liens et des nerfs de force dans nos âmes. Notre douleur et notre chagrin, endurés avec une douce confiance et soumission, nous laissent une vie purifiée et enrichie, avec plus de Christ en nous. Dans chaque fardeau que Dieu nous impose, il y a une bénédiction pour nous, si seulement nous l'acceptons.

CHAPITRE VII.

COEUR-PAIX AVANT LE MINISTÈRE.

"Comme l'étoile
qui brille au loin, sans hâte et sans repos, que chaque homme roule, avec
une influence constante, autour de la tâche qui gouverne le jour, et fasse de
son mieux." — GOETHE.

La paix dans le cœur est une des conditions du bon travail. Nous ne pouvons
pas faire de notre mieux dans quoi que ce soit si nous sommes inquiets et
inquiets. Un cœur fiévreux produit un cerveau enflammé, un œil trouble et
une main instable. Les personnes qui accomplissent réellement le plus et
obtiennent les meilleurs résultats sont celles qui ont un esprit calme et
maîtrisé. Ceux qui sont nerveux et excités peuvent être toujours occupés et
toujours sous la pression de la hâte ; mais en fin de compte, ils font beaucoup
moins de travail que s'ils travaillaient avec calme et régularité, et n'étaient
jamais pressés.

La hâte nerveuse empêche toujours la hâte. Il fait un travail défectueux et
n'en fait finalement que peu. Les ouvriers vraiment rapides sont toujours
délibérés dans leurs mouvements, ne paraissant jamais pressés du tout ; et
pourtant ils passent rapidement d'une tâche à l'autre, accomplissant bien
chaque devoir parce qu'ils sont calmes et sereins, et, avec leur esprit autour
d'eux, travaillent avec un œil clair, un nerf ferme et une main habile .

Un éminent chirurgien français disait à ses étudiants, lorsqu'ils se livraient à
des opérations difficiles et délicates, où il fallait du sang-froid et de la fermeté
: « Messieurs, ne vous précipitez pas, car il n'y a pas de temps à perdre.

Les personnes dans tous les secteurs de service qui font le plus de travail sont
les personnes les plus calmes et les moins pressées de la communauté. Les
devoirs ne se poursuivent jamais sauvagement dans leur vie. Une tâche n'en
évince jamais une autre, ni n'oblige jamais à une exécution précipitée, et donc
imparfaite. L'esprit calme travaille méthodiquement, faisant une chose à la
fois et bien ; et il travaille donc rapidement, sans jamais paraître pressé.

Nous avons besoin de la paix de Dieu dans notre cœur tout autant pour bien
accomplir les petites choses de notre vie séculière que pour accomplir les plus
grands devoirs du royaume de Christ. Notre visage doit briller, et notre esprit
doit être tranquille, et nos yeux doivent être clairs, et nos nerfs doivent être
stables, alors que nous nous acquittons des tâches de notre journée la plus
courante. Alors nous les ferons tous bien, sans rien troubler, sans rien gâcher.
Nous voulons la paix du cœur avant de commencer nos tâches quotidiennes,

et nous devrions attendre aux pieds du Christ jusqu'à ce que nous obtenions sa touche apaisante sur notre cœur avant de partir.

Il est particulièrement vrai dans le travail spirituel que nous devons connaître le secret de la paix avant de pouvoir exercer un ministère rapide ou efficace auprès des autres au nom de notre Maître. La fébrilité de l'esprit rend la main peu habile à accomplir un travail délicat. Un cœur troublé ne peut pas réconforter d'autres cœurs troublés ; il doit d'abord devenir calme et tranquille. On dit souvent que celui qui a souffert est prêt à aider les autres dans la souffrance ; mais cela n'est vrai que lorsqu'on a souffert victorieusement et qu'on est passé de la profonde et sombre vallée de la douleur et des larmes aux sommets radieux de la paix. Une personne en deuil inconfortable ne peut pas être un messager de consolation pour une autre personne en deuil. Celui dont le cœur est encore tourmenté et agité ne peut pas être le médecin des cœurs aux blessures qui saignent. Nous devons d'abord avoir été consolés par Dieu nous-mêmes, avant de pouvoir réconforter les autres dans leurs tribulations.

Il en va de même pour tout ministère spirituel. Nous avons besoin d'une main ferme pour toucher à l'œuvre du royaume de Christ. L'un des premiers miracles de notre Seigneur fournit une illustration de cette vérité. Jésus a été appelé pour guérir une femme qui gisait malade d'une forte fièvre. Un des Évangiles décrit la guérison en ces mots frappants : « Il lui toucha la main, et la fièvre la quitta ; et elle se leva et les servait. » Nous comprenons facilement ce récit dans sa référence principale à la guérison physique opérée par notre Seigneur. Nous savons, bien sûr, que la femme ne pouvait pas servir les autres tant que la fièvre était sur elle. Lorsqu'une maladie douloureuse survient, les employés les plus occupés et les plus occupés doivent abandonner leurs tâches. Aussi importante que soit l'œuvre, aussi essentielle qu'elle puisse paraître, elle doit être abandonnée lorsque la maladie douloureuse nous saisit. Nous devons être guéris de notre fièvre avant de pouvoir exercer notre ministère.

Mais il y a d'autres fièvres que celles qui brûlent dans le corps des hommes. Il y a des fièvres cardiaques qui peuvent faire rage en nous, même lorsque notre corps est en parfaite santé. Nous trouvons des gens à l'esprit fiévreux – malheureux, mécontents, inquiets, peut-être insoumis et rebelles. Ou bien ils peuvent être en proie à une fièvre de peur ou d'effroi. Ces fièvres intérieures sont des maux pires que de simples maladies corporelles. Il vaut mieux, dans la maladie, faire disparaître la fièvre du cœur, même s'il faut garder plus longtemps sa douleur, que de recouvrer sa santé physique, tout en gardant incurables notre agitation et notre impatience.

Nous ne pouvons pas exercer notre ministère alors que nous sommes frappés par une fièvre cardiaque de quelque sorte que ce soit. Nous pouvons continuer notre travail, mais nous ne pouvons pas le faire correctement, et cela n'apportera que peu de bénédictions. Le mécontentement entrave l'utilité de toute vie. Jésus aimait Marthe et acceptait son service parce qu'il savait qu'elle l'aimait ; mais il lui dit clairement que sa fièvre n'était pas belle et qu'elle nuisait à la valeur et au caractère pleinement acceptable du bon travail qu'elle faisait ; et il lui a montré la paix tranquille de Marie comme une meilleure façon de vivre et de servir. L'anxiété, quelle qu'elle soit, nous rend dans une certaine mesure inaptes au travail. Ce n'est que lorsque le Christ vient poser la main sur notre cœur et guérit sa fièvre que nous sommes prêts à exercer son ministère en son nom de la manière la plus efficace.

Il y a une petite histoire sur la vie bien remplie d'une femme qui illustre cette leçon. Elle était mère d'une famille nombreuse et, étant dans une situation simple, elle devait faire son propre travail. Parfois, dans la multiplicité de ses tâches et de ses soucis, elle perdait la douceur de sa paix et, comme Marthe, devenait troublée et inquiète à cause de ses nombreux services. Un matin, elle avait été particulièrement pressée et les choses ne s'étaient pas bien déroulées. Elle prenait le petit-déjeuner pour sa famille, son mari devait s'occuper de lui alors qu'il partait tôt au travail et ses enfants devaient se préparer pour l'école. Il y avait d'autres tâches ménagères qui occupaient les mains de la pauvre et faible femme, jusqu'à ce que ses forces soient presque complètement épuisées. Et elle n'avait pas vécu tout cela d'une manière douce et paisible ce matin-là. Elle s'était laissée perdre patience et devenir agitée, contrariée et malheureuse. Elle avait adressé des paroles rapides, hâtives et irritables à son mari et à ses enfants. Son cœur avait été dans une fièvre d'irritation et d'inquiétude toute la matinée.

Lorsque les enfants furent partis, que les tâches urgentes furent terminées et que la maison fut entièrement calme, la femme fatiguée monta furtivement dans sa propre chambre. Elle était grandement découragée. Elle sentait que sa matinée avait été des plus insatisfaisantes ; qu'elle avait malheureusement manqué à son devoir ; qu'elle avait affligé son Maître par son manque de patience et de douceur, et qu'elle avait blessé la vie de ses enfants par son agitation et ses paroles de mauvaise humeur. Fermant sa porte, elle prit sa Bible et lut l'histoire de la guérison de la malade : « Il lui toucha la main, et la fièvre la quitta ; elle se leva et les servait. »

"Ah!" dit-elle, "si j'avais pu avoir ce contact avant de commencer mon travail matinal, la fièvre m'aurait quittée, et j'aurais été prête à servir ma famille avec douceur et paix." Elle avait appris qu'elle avait besoin du contact du Christ pour la préparer à un service beau et doux.

En contraste avec cette histoire, et montrant la douceur bénie et la sainte influence d'une vie qui est touchée par le Christ le matin, il y a ce récit de l'archidiacre Farrar à propos de sa mère : « L'habitude de ma mère était, chaque jour, immédiatement après le petit-déjeuner, de se retirer une heure dans sa chambre, et passer cette heure à lire la Bible, à méditer et à prier. De cette heure, comme à une fontaine pure, elle puisait la force et la douceur qui lui permettaient d'accomplir tout son désir. devoirs, et de rester imperturbable face à tous les soucis et mesquineries qui sont si souvent l'intolérable épreuve des quartiers étroits. En pensant à sa vie et à tout ce qu'elle a dû supporter, je vois le triomphe absolu de la grâce chrétienne dans le bel idéal d'une dame chrétienne. Je n'ai jamais vu son caractère troublé ; je ne l'ai jamais entendu prononcer un seul mot de colère, ni de calomnie, ni de vains commérages. Je n'ai jamais observé chez elle aucun signe d'un seul sentiment inconvenant à une âme qui avait bu de le fleuve de l'eau de la vie, et qui s'était nourri de manne dans le désert aride. Le monde se porte mieux grâce au passage de telles âmes à sa surface. Elles peuvent sembler aussi oubliées que les gouttes de pluie qui tombent dans la mer aride, mais chaque goutte de pluie ajoute au volume des eaux rafraîchissantes et purificatrices. « La guérison du monde réside dans ses saints anonymes. Une seule étoile ne semble rien, mais mille étoiles éparses brisent la nuit et la rendent belle.'"

Il existe de nombreuses mères très occupées pour qui cette leçon peut être presque une révélation. Aucune main n'est plus chargée de tâches, aucun cœur n'est plus chargé de soucis que les mains et le cœur d'une mère d'une famille nombreuse de jeunes enfants. Il n'est pas étonnant qu'elle perde parfois sa douceur d'esprit sous la pression des soins qui pèsent sur elle. Mais cette leçon mérite d'être apprise. Que les mères attendent chaque matin à genoux, avant de commencer leur travail, le contact de la main du Christ sur leur cœur. Alors la fièvre les quittera et ils pourront se lancer en paix dans le travail de cette longue et dure journée.

La leçon, cependant, s'adresse à nous tous. Nous ne sommes pas en état de faire du bon travail, quelle qu'elle soit, lorsque nous sommes inquiets et anxieux. Ce n'est que lorsque la paix de Dieu est dans notre cœur que nous sommes prêts à exercer un ministère véritable et réellement utile. Un cœur fiévreux fait une grimace inquiète, et un visage inquiet projette une ombre. Un esprit troublé gâche le caractère et le caractère. Cela ne nous convient pas pour être un consolateur pour les autres, pour donner de la joie et de l'inspiration, pour toucher d'autres vies avec des impulsions bonnes et utiles. La paix doit passer avant le ministère. Nous devons guérir notre fièvre avant de nous rendre au travail. Par conséquent, nous devrions commencer chaque nouvelle journée aux pieds du Maître et recevoir son contact rafraîchissant et apaisant sur notre main chaude. Alors, et pas avant, nous serons prêts à rendre un bon service en son nom.

CHAPITRE VIII.

COURBURES MORALES.

"Je pense que nous sommes trop disposés à nous plaindre
dans ce monde juste de Dieu. Si nous n'avions aucun espoir au-delà du
zénith et de la pente de ce ciel gris et vide, nous pourrions nous évanouir
pour méditer sur la contrainte de l'éternité autour de nos âmes aspirantes ;
mais puisque le La portée doit s'élargir tôt, est-il bon de s'affaisser, pendant
quelques jours consommés en perte et en souillure ?" -MME.
BRUNISSEMENT.

Les miracles de notre Seigneur sont des paraboles en acte. Une femme
s'approcha de lui, presque courbée en deux, et s'en alla tout droit. La forme
humaine est faite pour être en érection. C'est l'une des marques de noblesse
chez l'homme, contrairement à la tendance vers le bas et au regard des autres
animaux. L'homme est la seule créature qui porte cette forme dressée. Cela
fait partie de l'image de Dieu sur lui. Cela indique une aspiration céleste, une
faim de Dieu, un désir de choses pures et élevées, une capacité de béatitude
immortelle. Il raconte l'espoir de l'homme et sa demeure au-dessus de la terre,
au-delà des étoiles. Un vieil écrivain dit : « Dieu a donné à l'homme un visage
dirigé vers le haut, et lui a ordonné de regarder les cieux et de lever son visage
élevé vers les étoiles. » Le mot grec pour « homme » signifiait « regarder vers
le haut ». La courbure de la forme et du visage vers le bas, vers la terre, a
toujours été le symbole d'une âme tournée indigne vers les choses inférieures,
oubliant sa véritable demeure. Milton a cette pensée en décrivant Mammon :

"Mammon, l'esprit le moins érigé qui soit tombé
du ciel ; car même au ciel, ses regards et ses pensées étaient toujours
penchés vers le bas."

Le regard d'un homme indique où se trouve son cœur, où ses désirs
l'atteignent et le tendent, comment sa vie grandit.

Il y a un grand nombre de personnes courbées dans le monde. La flexion
physique peut être causée par un accident ou une maladie et ne constitue en
aucun cas une marque de courbure spirituelle. De nombreux corps difformes
abritent une âme noble et sainte, avec des yeux et des aspirations tournés vers
Dieu. Je me souviens d'une femme de ma première paroisse qui, pendant
quatorze ans, était assise sur sa chaise, incapable de lever la main ou le pied,
toutes les articulations tirées, son corps décharné terriblement courbé.
Pourtant, elle avait un visage transfiguré, révélateur d'une belle âme
intérieure. La joie et la paix transparaissaient à travers ce pauvre corps torturé.
La maladie peut entraîner la forme dressée vers le bas, jusqu'à ce que toute sa

beauté ait disparu, et la vie intérieure peut entre-temps être dressée comme un ange, avec ses yeux et ses aspirations tournés vers Dieu.

Mais il y a des âmes tordues, des âmes courbées. Cela peut être le cas même si le corps est droit comme une flèche. Il y a des hommes et des femmes dont les formes sont admirées pour leur érection, leurs proportions gracieuses, leurs mouvements souples, leurs jolis traits, mais dont l'âme est avilie, dont les désirs rampent, dont les caractères sont tristement difformes et déformés.

Le péché plie toujours l'âme. Beaucoup de jeunes hommes sortent d'une maison sainte dans la beauté et la force de la jeunesse, vêtus des robes immaculées de l'innocence, l'œil clair et élevé, avec des aspirations pour des choses nobles, avec des espoirs exaltés ; mais quelques années plus tard, il apparaît comme un homme avili et ruiné, avec une âme tristement penchée vers le bas. La flexion commence par de légères cessions au péché, mais la tendance incontrôlée grandit et se fixe dans la vie dans une défiguration morale permanente.

Un conducteur de scène tenait les lignes depuis de nombreuses années et, lorsqu'il devint vieux, ses mains étaient tordues en crochets et ses doigts étaient si raidis qu'ils ne pouvaient plus être redressés. Un processus similaire se produit dans l'âme des hommes lorsqu'ils continuent à faire les mêmes choses encore et encore. Celui qui est formé dès l'enfance à être doux, bienveillant, patient, à contrôler son caractère, à parler doucement, à être aimant et charitable, grandira dans la beauté radieuse de l'amour. Celui qui s'habitue à penser habituellement et seulement aux choses nobles et dignes, qui place ses affections sur les choses d'en haut et s'efforce d'atteindre «toutes les choses sont vraies, tout ce qui est honnête, tout ce qui est pur, tout ce qui est beau», grandir continuellement vers le haut, vers la beauté spirituelle. Mais d'un autre côté, si l'on cède dès l'enfance à tous les mauvais caractères, à tous les sentiments de ressentiment, à toute l'amertume et à la colère, sa vie se façonnera dans la laideur de ces dispositions. Celui dont l'esprit se tourne vers des choses avilissantes, des choses impies, impures, verra toute son âme se plier et grandir vers la terre dans une courbure morale permanente.

Il y a aussi une courbure de la vie par le chagrin. L'expérience du chagrin n'est guère moins périlleuse que celle de la tentation. La croyance commune est que le deuil rend toujours les gens meilleurs. Mais ce n'est pas vrai. Si celui qui souffre se soumet à Dieu avec une confiance aimante et est victorieux par la foi, le résultat du chagrin est une bénédiction et un bien. Mais beaucoup sont écrasés par leur chagrin. Ils lui cèdent, et il les écrase sous son poids. Ils détournent leur visage du bleu du ciel et de la lumière de Dieu, vers les ténèbres de la tombe, et leurs âmes grandissent vers l'obscurité.

Voici une mère qui, depuis plusieurs années, a perdu par la mort une belle fille. La mère était une chrétienne, et son enfant était également chrétien, mourant dans une douce espérance. Pourtant, depuis la fermeture de ce cercueil, jamais la mère n'a levé les yeux vers Dieu avec soumission et espérance. Elle visite le cimetière le dimanche, mais jamais l'église. Elle parcourt sa maison avec un regard abattu, pleurant chaque fois que le nom de sa fille est prononcé, et se plaint de la dureté et de la méchanceté de Dieu en lui enlevant son enfant. Elle est penchée, les yeux vers la terre, et ne voit que les mottes de terre, la poussière et l'obscurité de la tombe, et ne voit pas le ciel bleu, les étoiles brillantes et le doux visage du Père. Il y a si longtemps qu'elle est ainsi courbée dans l'habitude de la tristesse et du chagrin, qu'elle ne peut en aucune façon se relever.

Depuis que j'ai commencé à écrire ce chapitre, j'ai eu une longue conversation avec quelqu'un dont la vie est terriblement courbée. Dix ans depuis que je l'ai connue pour la première fois comme une jeune fille brillante et heureuse, son visage ensoleillé dans la lumière de l'amour de Dieu. Les problèmes sont entrés dans sa vie sous de nombreuses formes. Son propre père s'est montré indigne, manquant à tous les devoirs sacrés d'affection envers son enfant. Les événements de sa propre vie étaient décevants et décourageants. Les amis en qui elle avait fait confiance n'ont pas fait preuve de la fidélité et de la serviabilité qu'on est en droit d'attendre de ses amis. Il y a eu une succession d'expériences malheureuses, au cours de plusieurs années, toutes tendant à blesser sa vie cardiaque. À cause de tout cela, elle est devenue aigrie et endurcie, non seulement contre ceux qui lui ont fait du tort et l'ont traitée injustement, mais même contre Dieu. Elle a cédé si longtemps à ces sentiments que toute sa vie a été penchée de haut en bas, le regard tourné vers Dieu vers un découragement installé. Dieu a complètement disparu de la vision de son âme, et elle ne le considère que comme méchant et injuste. Pour redonner à sa vie son éclat et sa beauté d'antan, il faudra un miracle moral aussi grand que celui par lequel le corps de la femme tordue fut redressé.

Et puis il y a aussi des vies qui sont courbées par le travail et les soucis. Pour beaucoup de gens, les fardeaux de la vie sont très lourds. Il y a des pères de famille nombreuse qui trouvent parfois leur fardeau presque trop lourd à supporter, dans leurs efforts pour subvenir aux besoins de ceux qui leur sont chers. Il y a des mères qui, sous le fardeau des soins domestiques, se sentent parfois courbées et à peine capables d'avancer plus longtemps. Dans tous les lieux de responsabilité où les hommes sont appelés à se tenir debout, la charge devient souvent très lourde et des formes robustes se plient sous elle. Le travail dans ce monde est difficile pour la plupart d'entre nous. La vie n'est pas un jeu pour quiconque la prend au sérieux.

Et beaucoup de personnes cèdent au poids d'un devoir et se laissent plier sous lui. Nous voyons des hommes s'incliner sous leur fardeau, jusqu'à ce que leur corps même se torde, et ils ne peuvent regarder que vers le bas. Nous les voyons vieillir prématurément. La lumière sort de leurs yeux ; la fraîcheur s'efface de leurs joues ; la douceur quitte leur esprit. Peu de choses dans la vie sont plus tristes que la façon dont certaines personnes se laissent plier par le fardeau de leur devoir ou de leurs soins. Il n'y a vraiment aucune raison pour qu'il en soit ainsi. Dieu ne nous impose jamais un fardeau plus lourd que ce que nous sommes capables de supporter, avec l'aide qu'il est prêt à nous apporter. Christ se tient toujours à nos côtés, prêt à porter l'extrémité la plus lourde de chaque fardeau qui nous est imposé.

Les hommes ne s'effondrent jamais tant qu'ils gardent un cœur heureux et joyeux. C'est le cœur triste qui fatigue. Quelle que soit notre charge, nous devons toujours garder un esprit chantant dans notre cœur. Il existe deux manières de vivre des expériences difficiles. Une solution consiste à lutter et à résister, en refusant de céder. Le résultat est une blessure de l'âme et une intensification de la dureté. L'autre façon est d'accepter avec douceur les circonstances ou les contraintes, d'en tirer le meilleur parti et de les supporter avec chant et joie. Ceux qui vivent selon la première de ces méthodes vieillissent à la quarantaine. Ceux qui choisissent un autre mode de vie gardent un cœur jeune et heureux même jusqu'à un âge avancé.

La vraie façon de vivre est de ne céder à aucun fardeau ; porter la charge la plus lourde avec courage et joie ; ne jamais laisser les yeux tournés vers le bas, vers la terre, mais les garder toujours levés vers les collines. On peut voir de temps en temps des hommes dont le travail les oblige à se baisser tout le temps – à travailler dans une posture courbée – se redressant, prenant une longue et profonde inspiration et levant les yeux vers le ciel. Ainsi leurs corps sont conservés en bonne santé et en érection malgré leur travail. Quel que soit notre labeur ou notre fardeau, nous devons nous entraîner à regarder souvent vers le haut, à nous tenir debout et à apercevoir fréquemment le ciel de l'amour de Dieu, ainsi qu'à respirer fréquemment l'air pur et doux du ciel. Ainsi, nous garderons notre âme droite sous la plus lourde charge de travail ou de soins.

Le miracle du redressement de la femme courbée en deux a son évangile d'espérance précieuse pour tous ceux qui n'ont pas appris plus tôt la leçon de rester droit. Ceux qui sont courbés peuvent encore être relevés. La courbure de dix-huit ans de croissance et de raidissement a été guérie en un instant. La femme qui, depuis si longtemps, n'avait pas pu lever les yeux, s'en alla les yeux tournés vers Dieu en signe de louange.

Le même miracle que Christ est capable d'opérer maintenant sur les âmes courbées, que ce soit par le péché, par le chagrin ou par le fardeau du labeur de la vie. Il peut défaire l'œuvre terrible du péché et restaurer l'image divine dans l'âme. Il peut donner un tel réconfort au cœur triste que les yeux longtemps baissés se lèvent pour regarder le visage de Dieu avec une soumission aimante et une joie. Il peut mettre de tels chants dans le cœur de ceux qui sont fatigués et surmenés, afin que la forme tordue se redresse et que l'éclat revienne au visage fatigué.

CHAPITRE IX.

DES VIES TRANSFIGURÉES.

"Les vies qui semblent si pauvres, si basses,
les cœurs si étriqués et si ennuyeux, les espoirs déçus, l'élan lent, tu prends ,
touche tout, et voilà !
Ils fleurissent vers le beau." —SUSAN COOLIDGE.

La vie de chaque chrétien doit être transfigurée. Il y a un sens dans lequel même le corps d'un vrai croyant est transfiguré. Nous avons tous vu des visages qui semblaient briller comme s'il y avait une lumière cachée derrière eux. Il y a des personnes âgées qui ont bien appris les leçons de la vie sur la patience, la paix, le contentement, l'amour, la confiance et l'espoir, et dont les visages brillent vraiment lorsqu'ils s'approchent des portes du coucher du soleil. Parfois, c'est un saint souffrant qui, au cours d'une longue endurance de douleur, apprend à s'allonger sur le sein du Christ dans un calme doux et sans murmure, et dont les traits prennent de plus en plus l'éclat de la sainte paix.

Mais quoi que la grâce puisse faire pour le corps, elle transfigure toujours le caractère. L'amour de Dieu nous trouve pécheurs ruinés et nous laisse des saints glorifiés. Nous sommes prédestinés « à être conformes à l'image de son Fils ». Nous ne devons pas non plus attendre que la mort nous transforme ; les travaux devraient commencer immédiatement. Nous avons également une responsabilité dans ce travail. Le sculpteur prend le bloc de marbre noirci et le taille en une forme de beauté. Le marbre est passif entre ses mains et ne fait que se soumettre à sa taille, à sa taille et à son polissage à sa guise. Mais nous ne sommes pas du marbre insensé ; nous avons un rôle à jouer dans la transformation de notre vie en une sainteté spirituelle. Nous ne deviendrons jamais comme Christ sans notre propre désir et nos propres efforts.

Nous devons bien savoir quelle est notre part, ce que nous avons à faire avec notre propre sanctification. Comment alors pouvons-nous devenir des chrétiens transfigurés ?

Il y a un pouvoir transfigurant dans la prière. C'est pendant que notre Seigneur priait que la façon de son visage fut modifiée. Qu'est-ce que la prière ? C'est bien plus que le simple discours sur certaines formes de dévotion. C'est l'expression des désirs les plus profonds du cœur. C'est l'acte le plus élevé dont l'âme soit capable. Lorsque vous priez véritablement, tout ce qu'il y a de meilleur, de plus noble, de plus exalté, de plus pur, de plus céleste en vous, se presse vers Dieu. C'est pourquoi une prière sincère illumine toujours le visage lui-même et élève la vie vers une humeur plus élevée et plus sainte.

Nous grandissons vers ce que nous désirons tant. C'est pourquoi les prières pour ressembler au Christ ont un effet transfigurant.

Les pensées saintes dans le cœur ont aussi une influence transfigurante sur la vie. "Comme il pense dans son cœur, il l'est aussi." Si nous permettons à la jalousie, à l'envie, aux mauvais caractères, à l'orgueil et à d'autres choses mauvaises de rester dans notre cœur, notre vie deviendra à l'image de ces choses peu aimables. Mais si nous chérissons des pensées et des sentiments purs, doux, altruistes et saints, notre vie deviendra belle.

Le professeur Drummond parle d'une jeune fille dont le caractère a mûri et est devenu d'une rare beauté. Ses amis la regardaient grandir en douceur et en paradis avec émerveillement. Ils ne pouvaient pas en comprendre le secret. Elle portait autour du cou un petit médaillon dans lequel personne n'avait le droit de regarder. Une fois cependant, elle fut très malade, et on permit alors à l'une de ses compagnes d'ouvrir cet ornement sacré, et elle y vit les mots : « Que j'aime, sans l'avoir vu. C'était le secret. C'est l'amour pour le Christ invisible qui a transfiguré sa vie. Si nous pensons continuellement au Christ, méditons sur lui, réfléchissons à de douces pensées à son sujet et laissons son amour habiter en nous, nous grandirons comme lui.

La communion avec le Christ transfigure une vie. Chaque personne que nous rencontrons nous laisse une touche qui fait partie de notre caractère. Nos vies sont comme des feuilles de papier, et chacun qui vient y écrit un mot, une ligne, ou y laisse un petit tableau peint. Nos compagnons intimes et nos amis, qui se rapprochent de nous et sont beaucoup avec nous, entrant dans notre vie intérieure, nous font des impressions très profondes.

Si donc nous vivons avec Christ et demeurons en lui, la compagnie étroite et continue avec lui nous transformera à sa ressemblance. L'amitié personnelle avec Christ dans ce monde est aussi possible que n'importe quelle amitié purement humaine. La compagnie est spirituelle, mais elle est réelle. Le chrétien fervent n'a aucun autre ami qui entre aussi pleinement dans sa vie que le Seigneur Jésus-Christ. L'effet de cette camaraderie est la transfiguration du personnage. Ce n'est pas sans raison que les artistes peignent le disciple bien-aimé avec des traits ressemblant à ceux de son Seigneur. Il connaissait Jésus plus intimement que n'importe lequel des autres disciples et, dans sa compagnie plus profonde et plus étroite, il était plus touché et impressionné par la beauté de la sainteté du Seigneur.

Encore une fois, garder les yeux fixés sur la ressemblance du Christ transfigure la vie. Les vieux moines regardaient attentivement le crucifix et disaient que les empreintes des clous apparaîtraient dans leurs mains et leurs pieds, et les cicatrices d'épines sur leur front à mesure qu'ils le verraient. Ce n'était qu'une grossière fantaisie ; pourtant, dans l'imagination, il y a une vérité spirituelle. En regardant par la foi le Christ, les lignes de sa beauté s'impriment en effet dans nos cœurs. C'est le sens de la parole de saint Paul : « Nous tous, le visage découvert, contemplant comme dans un miroir la gloire du Seigneur, sommes transformés en la même image ». L'Évangile est le miroir. Là, nous voyons l'image du Christ. Si nous le contemplons sérieusement, continuellement et avec amour, l'effet sera le changement de notre propre vie vers la même ressemblance. La transformation est opérée par l'Esprit divin, et notre rôle est seulement de contempler, de continuer à contempler, la beauté bénie. Nous nous asseyons devant l'appareil photo et notre propre image est imprimée sur le verre préparé. Nous nous asseyons devant le Christ, nous devenons la caméra et son image s'imprime dans notre âme.

Il existe une histoire pathétique d'un sculpteur français qui illustre le caractère sacré avec lequel l'idéal de la vie doit être chéri et gardé. C'était un génie et il travaillait sur son chef-d'œuvre. Mais il était un homme pauvre et vivait dans une petite mansarde qui était pour lui un atelier, un atelier et une chambre. Il avait presque terminé sa statue, en argile, lorsqu'une nuit, soudain, une grande gelée tomba sur la ville. Le sculpteur était allongé sur son lit, sa statue devant lui au centre de la pièce sans feu. Alors que l'air froid tombait sur lui, il savait que dans le froid intense, il y avait un danger que l'eau dans les interstices de l'argile gèle et détruise son précieux travail. Alors le vieil homme se leva de son lit, prit les vêtements qui l'avaient couvert dans son sommeil, et les enveloppa respectueusement autour de sa statue pour la sauver, puis se coucha dans le froid, découvert. Le matin, quand ses amis arrivèrent, ils trouvèrent le vieux sculpteur mort ; mais l'image a été préservée indemne.

Nous avons chacun dans notre âme, si nous sommes de vrais croyants en Christ, une vision de beauté spirituelle dans laquelle nous nous efforçons de façonner notre vie. Cette vision est notre conception du caractère du Christ. "C'est ce que je serai un jour", disons-nous. Même si cette vision peut briller bien au-delà de nos réalisations actuelles, nous nous efforçons toujours de l'atteindre. C'est l'idéal que nous portons dans notre cœur au milieu de tous nos efforts et de toutes nos luttes. Cet idéal, nous devons le garder exempt de toute altération ou tache. Nous devons le sauver, mais comme le vieux sculpteur, nous perdons notre vie à le garder. Nous devrions être prêts à mourir plutôt que de l'abandonner pour être détruit. Nous devons préserver l'image du Christ, lumineuse, radieuse, intacte, dans notre âme, jusqu'à ce qu'elle transforme notre vie terrestre terne et pécheresse en sa propre beauté transfigurée.

Aucun autre but dans la vie n'est digne d'un être immortel. Nous pouvons devenir comme les anges ; Quel avilissement alors que de laisser nos vies, avec toutes leurs glorieuses possibilités, être entraînées dans la poussière de la honte et du déshonneur ! Cherchons plutôt continuellement la gloire pour laquelle nous avons été créés et rachetés. "Bien-aimés, nous sommes maintenant enfants de Dieu, et ce que nous serons n'a pas encore été manifesté. Nous savons que s'il se manifeste, nous serons semblables à lui, car nous le verrons tel qu'il est. Et chaque Celui qui a cette espérance placée en lui se purifie , tout comme il est pur. »

"Merveilleuse la blancheur de ta gloire ;
Pouvons-nous vraiment partager cette perfection ? Oui ; nos vies sont des pages de ton histoire, Nous portons ta forme et ta suscription ; Formes ternies - feuilles déchirées - mais tu peux les réparer, Tu peux développer ta propre
plénitude
De nos imperfections, et nous y mettrons fin - Les scories consument, transformant la poussière en or. "

Une goutte d'eau gisait un jour dans une gouttière, souillée, tachée, polluée. Levant les yeux vers le bleu du ciel, il commença à souhaiter la pureté, à désirer être purifié et rendu cristallin. Son soupir fut entendu, et il fut rapidement soulevé par les doux doigts du soleil — hors du caniveau immonde, dans l'air doux, puis de plus en plus haut ; Enfin, les vents doux l'attrapèrent et l'emportèrent, et peu à peu il reposa sur un sommet de montagne lointain, un flocon de neige pure, blanche et belle.

Ceci est une petite parabole de ce que la grâce de Dieu fait pour chaque vie pécheresse qui aspire et crie à la pureté et à la sainteté.

CHAPITRE X.

L'interprétation du chagrin.

"Tant de choses nous manquent
Si l'amour est faible ; tant de choses nous gagnent Si l'amour est fort ; Dieu ne pense qu'aucune douleur ne soit trop vive ou trop durable pour être ordonnée Pour nous enseigner cela." —HELEN HUNT JACKSON.

Il y aura toujours des mystères dans le chagrin. Les hommes se demanderont toujours ce que cela signifie. Il nous est impossible, avec nos limites terrestres, de le comprendre. Même la foi chrétienne la plus forte aura ses questions, et nombre de ses questions devront rester sans réponse jusqu'à ce que l'horizon de la vie s'élargisse et que sa faible lumière devienne pleine et claire dans le ciel. En attendant, cependant, certaines de ces questions pourraient trouver une réponse au moins partielle et le caractère poignant du chagrin serait légèrement atténué. Et il ne faut certainement pas refuser la moindre lueur de réconfort au monde qui a si cruellement besoin de réconfort et qui le réclame si avidement.

Les cœurs humains sont les mêmes partout. Les expériences de Sorrow, bien qu'étrangement diverses, se ressemblent pourtant dans leurs caractéristiques générales. Partout où nous écoutons les voix étouffées du chagrin, nous entendons les mêmes questions. Ce qui a été la réponse à un sera donc la réponse à des milliers d'autres. Récemment, en un jour, deux lettres de personnes affligées m'ont été adressées, avec des questions. Que les réponses privées aient apporté ou non du réconfort, il se peut que le simple fait de formuler les questions, avec quelques phrases concernant chacune, puisse être utile à d'autres qui portent les mêmes fardeaux.

L'une de ces lettres vient d'un chrétien dont le fils unique a été entraîné dans des voies pécheresses, descendant rapidement vers les profondeurs les plus tristes. L'histoire est trop douloureuse pour être répétée dans ces pages. Dans sa profonde détresse, le père, un homme pieux, un homme d'une foi forte et d'une noble sagesse, s'écrie : "Quelle est la consolation même du Christ et de la Bible pour moi ? Comment puis-je faire reposer ce fardeau sur Dieu ?"

En réponse à ces questions, il faut se rappeler qu'il y a certaines choses que même le confort le plus riche et le plus divin ne peut pas réaliser. D'une part, cela ne peut pas soulager la douleur du chagrin ou du chagrin. Notre première pensée en matière de réconfort est généralement qu'il nous soulage de notre fardeau. Mais on apprend vite que ce n'est pas de cette manière que vient habituellement le réconfort. Cela n'atténue pas le chagrin. Cela ne rend pas notre cœur moins sensible à l'angoisse. "La consolation implique plutôt une augmentation de la puissance de porter qu'une diminution du fardeau." Dans ce cas, elle ne peut soulager le cœur du père aimant du fardeau de déception et d'angoisse qu'il éprouve en voyant son fils emporté par les courants de la tentation. Aucun confort possible ne peut faire cela. La paix parfaite dans laquelle Dieu promet de garder ceux dont l'esprit est fixé sur lui n'est en aucun cas une paix indolore en cas de souffrance. Le père écrasé ne peut pas espérer un réconfort qui lui fera oublier son enfant errant et pécheur, ou qui lui fera ne plus ressentir l'angoisse poignante que le parcours du garçon provoque dans son cœur. L'amour paternel doit être détruit pour rendre possible un tel réconfort, et ce serait une calamité plus grave que n'importe quel chagrin.

Le réconfort dans un tel chagrin est celui qui vient de la foi en Dieu, même dans la douleur douloureuse. L'enfant a été donné à Dieu dès son enfance et a été élevé comme un enfant de Dieu tout au long de ses premières années. Qui dira qu'il ne sera peut-être pas encore, d'une manière ou d'une autre, ramené à Dieu ? Le fardeau quotidien peut alors être déposé quotidiennement entre les mains divines. L'angoisse du cœur peut s'exprimer non pas par des cris désespérés, mais par des prières croyantes, inspirées par les promesses et allumées en ferveur par l'espérance bénie. Alors viendra la paix, non pas une paix indolore, mais une paix qui repose sur le sein du Christ dans les ténèbres, qui aime et fait confiance et ne pose pas de questions, mais attend avec toute l'espérance de l'espérance.

En même temps , nous ne devons jamais oublier, même si nous faisons confiance à Dieu pour l'issue de nos déceptions, que chaque chagrin a sa mission dans notre vie. Il y a quelque chose qu'il désire que cela agisse en nous. Ce que cela peut être dans un cas particulier, nous ne pouvons pas le dire ; il n'est pas non plus sage pour nous de demander. La chose la plus sage et la plus vraie que nous puissions faire est d'ouvrir respectueusement notre cœur au ministère de la douleur, en demandant à Dieu de faire sa volonté en nous, en ne nous permettant pas d'entraver la belle œuvre qu'il veut accomplir, et en nous aidant à nous réjouir même dans le chagrin. Les larmes continueront peut-être à couler, mais alors, avec Mme Browning, nous pourrons chanter : -

"Je te loue pendant que mes jours passent;
je t'aime pendant que mes jours passent; à travers l'obscurité et la mort, à travers le feu et le gel, avec les bras vidés et le trésor perdu, je te remercie pendant que mes jours passent."

L'autre lettre mentionnée vient d'un autre père, sur qui s'étaient succédé des vagues de chagrin. Peu de temps après, deux enfants ont été emmenés. L'un d'eux était un fils qui avait débuté sa carrière professionnelle et qui avait de grands espoirs et de grandes promesses pour l'avenir – un jeune homme doté de capacités rares et de nombreuses qualités nobles. L'autre était une fille, devenue femme, et une épouse heureuse et aimée, entourée d'amis et des raffinements d'une belle maison, et de tout ce qui rend la vie douce et désirable. Dieu a pris ces deux enfants, l'un peu après l'autre. Le père, un homme aux affections les plus tendres, et pourtant d'une foi implicite en Dieu, ne poussait aucun murmure lorsqu'il était appelé à se tenir près des tombes de ses bien-aimés ; et pourtant son cœur réclame une interprétation.

Il écrit : « Dans un de vos livres[1], je trouve ces mots : « Parfois, nos meilleurs bien-aimés nous sont enlevés, et nos cœurs saignent, comme saigne une vigne lorsqu'on en coupe une branche verte. . . ... C'est ici qu'intervient la foi chrétienne, donnant une telle interprétation et explication aux choses douloureuses, que nous puissions être prêts à les accepter avec confiance, même avec joie... Une confiance forte et constante que toutes les épreuves, les chagrins , et les pertes de nos vies font partie de l'agriculture de notre Père, devraient faire taire toutes les questions, apaiser toutes les peurs et donner la paix et une assurance reposante à nos cœurs dans toute leur douleur. Nous ne pouvons pas connaître la raison de ces coups douloureux, mais nous savons que celui qui tient le serpeur est notre Père . Cela devrait toujours nous suffire à le savoir.

Après avoir cité ces mots, il continue : "Maintenant, je ne remets pas en question l' agriculture du Père . Je voudrais aussi 'faire taire toute question' concernant sa sagesse et son amour. Je n'en douterais pas un seul instant. Quand j'ai découvert que mon fils unique, mon orgueil et mon bâton doivent mourir, j'ai prié avec des cris et des larmes si forts que seuls peuvent le savoir ceux qui sont dans des circonstances semblables, tout en sentant que je pourrais rendre à Dieu ce qu'il m'avait prêté sans un murmure. Je crois que même le moindre murmure a été réprimé concernant les choses douloureuses, et que dans une certaine mesure j'ai été prêt à les accepter avec confiance, même avec joie. Mais ma foi n'est pas venue, comme vous le suggérez, pour mettre « une telle interprétation » et explication", comme peut-être je devrais le faire. Pourquoi Dieu a-t-il ainsi traité avec moi ? Pourquoi un double coup était-il nécessaire ? Son traitement avec moi est-il purement disciplinaire ? Quelles sont les leçons qu'il m'enseignerait ? Comment puis-je tester moi-même pour savoir si son dessein en m'affligeant a été accompli ? Ou ne suis-je pas impatient de me renseigner sur les leçons spécifiques, mais plutôt de le laisser montrer en temps voulu ce qu'il a conçu ? De telles questions se multiplient sans réponse. »

Cet auteur n'a-t-il pas indiqué, dans sa dernière suggestion, ce que devraient faire ceux qui sont perplexes face aux questions quant à l'interprétation du chagrin ? Ils ne devraient pas s'inquiéter avec inquiétude concernant les leçons spécifiques, mais plutôt laisser Dieu montrer en temps voulu ce qu'il a conçu. Nul doute que chaque chagrin a une mission. Il nous parvient, en tant que messager de Dieu, avec un message. Si nous l'accueillons avec révérence et restons tranquilles pendant qu'il donne son message, nous recevrons sans aucun doute une bénédiction.

Pourtant, nous devons examiner toute cette question avec soin et sagesse. Nous risquons de ne penser qu'à nous-mêmes et aux effets sur nous et sur notre vie des chagrins qui nous frappent. Nous pensons trop souvent à nos deuils, par exemple, comme si Dieu enlevait l'ami, mettant fin à ses jours, juste pour nous châtier ou nous punir. Mais nous n'avons pas le droit d'avoir une vision aussi étroite du dessein de Dieu consistant à nous retirer nos proches. Son dessein les concerne aussi bien que nous. Ils sont rappelés parce que leur travail sur terre est terminé et qu'un service plus élevé les attend dans d'autres sphères. Pour eux, la mort est un gain, une promotion, une traduction. L'événement lui-même, dans sa signification première, est un événement joyeux et béni. Le chagrin que nous éprouvons suite à leur élimination n'est qu'un incident. Dieu ne peut pas les ramener chez nous pour nous glorifier sans nous faire souffrir. Mais nous ne devons pas inverser cet ordre et penser que le but premier de l'appel de nos bien-aimés est de nous châtier ou de nous faire souffrir. Sans aucun doute, il y a une bénédiction pour nous ainsi que pour eux en nous quittant, puisque toutes choses concourent au bien de ceux qui aiment Dieu ; mais nous exagérons indûment notre propre importance lorsque nous pensons que Dieu offre une belle vie dans la mort simplement pour nous enseigner une leçon ou nous donner une bénédiction.

Lorsque nous regardons nos deuils sous cet angle et pensons à ce que la mort signifie pour nos bien-aimés qui nous ont été enlevés, nous trouvons un nouveau réconfort dans la pensée de leur immortalité, de leur libération de la souffrance et de la tentation et de leur pleine bénédiction avec Christ. Il est égoïste de notre part d'oublier cela en absorbant notre propre chagrin. Ne devrions-nous pas être prêts à endurer la perte et la douleur afin que ceux qui nous sont chers puissent recevoir gain et bénédiction ?

Même dans les relations de la vie sur terre, on nous enseigne continuellement la même leçon. Les parents doivent abandonner leurs enfants, les perdre du nid familial, afin qu'ils puissent aller dans le monde et assumer eux-mêmes les devoirs de la vie. La séparation est également douloureuse, mais elle est supportée dans le doux silence de l'amour qui renonce à soi-même. Nous abandonnons nos amis lorsqu'ils sont appelés de notre côté à accepter d'autres places plus élevées. La vie est pleine de telles séparations, et on nous enseigne qu'il est de notre devoir de penser aux autres, en supportant notre propre perte de patience pour eux. La même loi de l'amour « qui ne cherche pas son propre intérêt » ne s'applique-t-elle pas lorsque nos bien-aimés sont appelés plus haut ?

Parmi les leçons à tirer du chagrin, la première est toujours la soumission. On nous dit même de notre Seigneur qu'il « a appris l'obéissance par les choses qu'il a souffertes ». C'est la grande leçon globale de la vie. Lorsque nous avons appris cela pleinement et parfaitement, l'œuvre de sanctification en nous est terminée.

Puis une autre leçon de toute tristesse vient dans l'adoucissement et l'enrichissement de la vie afin d'une plus grande utilité personnelle. Il est triste pour nous si, pour une raison quelconque , nous manquons cette issue bénie du chagrin et de la douleur. Christ a souffert dans tous les domaines afin d'être préparé à son œuvre consistant à aider et à sauver les hommes. Dieu nous enseigne dans notre chagrin ce qu'il voudrait que nous disions aux autres en période d'épreuve. Ceux qui souffrent patiemment et avec douceur transmettent de nouveaux messages aux autres et disposent d'un nouveau pouvoir de réconfort.

Au-delà de ces deux vastes leçons générales de toute tristesse, il n'est généralement pas sage d'insister sur notre question : « Pourquoi ? Il est préférable pour nous de nous comporter ainsi avec Dieu dans chaque moment d'épreuve, afin que nous ne puissions pas empêcher l'arrivée de toute bénédiction qu'il pourrait nous envoyer, mais que, d'un autre côté, nous puissions recevoir avec un accueil calme et doux tout enseignement, correction. , révélant, purifiant ou vivifiant qu'il nous donnerait. Il vaut sûrement mieux que cela nous demande anxieusement pourquoi Dieu nous afflige, pourquoi il nous a envoyé le chagrin, exactement ce qu'il veut qu'il fasse pour nous. Nous devons faire confiance à Dieu pour qu'il réalise en nous ce qu'il veut que le chagrin fasse pour nous. Nous n'avons pas besoin de nous inquiéter pour savoir ce qu'il fait.

Heureusement, nos anciens devoirs reviennent après le chagrin comme avant, et nous devons tous les assumer, en y mettant seulement plus de cœur, plus de respect envers Dieu, plus de douceur et d'amour envers l'homme. Au fur et à mesure que nous avancerons, nous saurons ce que Dieu voulait que le chagrin fasse pour nous ; ou si nous ne sommes pas dans ce monde, nous le serons dans cette maison de Lumière, où tous les mystères seront expliqués et où nous verrons la leçon de l'amour claire et nette dans toute l'écriture étrange de la vie. Il ne fait aucun doute que le chagrin nous apporte toujours une occasion de bénédiction. Ensuite, nous devons nous rappeler que c'est seulement dans ce monde que nous pouvons obtenir le bien qui ne peut nous parvenir que par la douleur, car dans la vie au-delà de la mort, il ne doit y avoir ni chagrin, ni larmes. Un vieux proverbe oriental dit : « Écarte largement tes jupes quand le ciel pleut de l'or. » Le ciel pleut toujours de l'or lorsque nous sommes assis à l'ombre de la croix. Nous devrions diligemment améliorer cette opportunité, apprendre les leçons qu'il enseignerait et obtenir les bénédictions qu'il donnerait, car le temps est court.

« Mais si, impatient, tu laisses échapper ta croix,
tu ne la retrouveras plus dans ce monde, ni dans un autre ; ici, et ici
seulement, t'est donnée de souffrir pour l'amour de Dieu. Dans d'autres
mondes, nous le servirons plus parfaitement. et aimez-le, louez-le, travaillez
pour lui, rapprochez-vous de plus en plus de lui avec délices ; mais là nous
ne serons plus appelés
à *souffrir*, ce qui est notre rendez-vous ici.

[1] « Religion pratique », page 107

CHAPITRE XI.

LES AUTRES GENS.

« Nous avons besoin – chacun et tous – d'être nécessaires,
de sentir que nous avons quelque chose à donner pour apaiser le
gémissement de la faim sur terre ; et nous savons qu'alors seulement nous
vivons lorsque nous nous nourrissons les uns les autres, comme nous avons
été nourris de la main qui donne au corps et à l'esprit leur pain. —LUCY
LARCOM.

Il y a d'autres personnes. Nous ne sommes pas les seuls. Certains d'entre eux
vivent près de chez nous, d'autres plus loin. Nous entretenons certaines
relations avec ces autres personnes. Ils ont des droits sur nous. Nous leur
devons des devoirs, des services, de l'amour. Nous ne pouvons pas nous
couper d'eux, ni d'aucun d'entre eux, en disant qu'ils ne sont rien pour nous.
Nous ne pouvons pas nous débarrasser de nos obligations envers eux et dire
que nous ne leur devons rien. Cette relation aux autres est si inexorable que
sur toute la terre il n'y a pas un individu qui n'ait le droit de venir à nous avec
ses besoins, réclamant de notre part le ministère de l'amour. Les autres sont
nos frères, et il n'y en a pas un que nous ayons le droit de mépriser, de
négliger, de blesser ou de chasser de notre porte.

Nous devons nous entraîner à penser aux autres. Nous ne pouvons les
exclure d'aucun des projets que nous élaborons. Nous devons penser à leurs
intérêts et à leur bien lorsque nous pensons aux nôtres. Ils ont des droits aussi
bien que nous-mêmes, et nous devons y penser lorsque nous revendiquons
les nôtres. Nul ne peut placer sa clôture à un cheveu au-dessus de la ligne sur
le terrain de son voisin. Nul ne peut récolter ne serait-ce qu'un épi du blé de
son prochain, ni une grappe de raisin de la vigne de son voisin. Nul ne peut
franchir la porte de son voisin sans y être invité. Nul ne peut faire quoi que
ce soit qui nuise à son prochain. Les autres ont des droits inaliénables que
nous ne pouvons pas envahir.

Nous devons aux autres plus que leurs droits ; nous leur devons de l'amour.
Pour certains d'entre eux, il n'est pas difficile de payer cette dette. Ils sont
adorables et séduisants. Ils sont tout à fait respectables. Ce sont des esprits
sympathiques, qui nous donnent en retour tout ce que nous pouvons leur
donner. Il est naturel de les aimer et d'être très gentil et doux avec eux. Mais
nous n'avons aucune liberté de choix dans ce vaste devoir d'aimer les autres.
Nous ne pouvons pas choisir qui nous aimerons si nous prétendons être
chrétiens. L'enseignement du Maître est inexorable : « Si vous aimez ceux qui
vous aiment, qu'en êtes-vous reconnaissants ? Car même les pécheurs aiment
ceux qui les aiment. Et si vous faites du bien à ceux qui vous font du bien,

qu'en êtes-vous reconnaissants ? faites de même. Et si vous prêtez à ceux dont vous espérez recevoir, qu'avez-vous à remercier ? Même les pécheurs prêtent aux pécheurs pour recevoir autant. Mais aimez vos ennemis, faites-leur du bien, et prêtez sans jamais désespérer ; et votre récompense sera grande, et vous serez fils du Très-Haut , car il est bon envers les ingrats et les méchants. »

Le bon Samaritain est la réponse de notre Seigneur à la question : « Qui est mon prochain ? et le voisin du bon Samaritain était un ennemi acharné qui, en d'autres circonstances, l'aurait repoussé loin de sa présence. D'autres personnes peuvent ne pas être belles dans leur caractère, ni sympathiques dans leurs habitudes, manières, modes de vie ou tempérament ; ils peuvent même être méchants envers nous, injustes, déraisonnables, et en stricte justice, totalement indignes de notre faveur ; pourtant, si nous persistons à être nous-mêmes appelés chrétiens , nous leur devons l'amour qui ne pense pas au mal, qui ne cherche pas le sien, qui supporte tout, supporte tout et ne faillit jamais .

Sans aucun doute, il est difficile d'aimer les autres qui nous détestent. Ce n'est pas si difficile de les laisser tranquilles, de passer à côté d'eux sans leur faire de mal, ou même de prier pour eux d'une certaine manière ; mais les aimer, c'est une épreuve douloureuse. Nous sommes enclins à demander : -

"Cher Seigneur, cela ne suffira-t-il pas,
si nous ne rendons pas tort pour mal, et sans amour ni haine ? Mais l'amour
- ô Seigneur, nos âmes sont loin d'être fortes, et l'amour est une colombe si
tendre et si nourrie à la maison - Comment peut-il nous, Seigneur, nos
ennemis bénissons et aimons ?

"En jeûnant - Oh, on pourrait jeûner
- Et en priant - on pourrait prier de la manière la plus pathétique ; Mais
aimez nos ennemis ! Cher Seigneur, n'y a-t-il pas pour toi un moyen plus
facile - Quelque part par le service religieux, le chant ou le psaume, Ou un
grand rituel, pour atteindre le calme de ton ciel ?

Mais il n'y a aucune réponse d'indulgence chrétienne à de telles questions. Les autres, même s'ils sont nos ennemis, ne sont pas ainsi retirés du cercle de ceux à qui nous devons de l'amour. Notre rôle est toujours représenté pour nous dans l'exemple du bon Samaritain.

Autrement dit, nous devons rendre service aux autres. Le service va de pair avec l'amour. Nous ne pouvons pas aimer véritablement et ne pas servir. Aimer sans servir n'est qu'un sentiment vide, une pauvre moquerie. Dieu a tant aimé le monde qu'il l'a donné. L'amour donne toujours. S'il ne donne pas, ce n'est pas de l'amour. Cela se mesure toujours à ce que cela donnera. Les besoins des autres sont donc pour nous des commandements divins, que nous n'osons pas ignorer ou désobéir. Refuser de bénir un frère qui se trouve devant nous dans un besoin quelconque est un péché aussi grave que de violer l'un des commandements positifs du Décalogue. En effet, dans un sens, il s'agit de la violation de toute la deuxième table des commandements, dont le sens est : « Tu aimeras ton prochain comme toi-même ».

Nous aimons penser qu'il n'y a aucun péché à ne rien faire. Mais Jésus, dans sa merveilleuse image du Jugement dernier, fait que la condamnation des hommes repose sur le fait de ne pas faire ce qu'ils auraient dû faire. Ils n'ont tout simplement pas nourri ceux qui avaient faim, n'ont pas habillé ceux qui étaient nus, n'ont pas rendu visite aux malades, n'ont pas béni les prisonniers. Pour rendre ces péchés de négligence encore plus graves, notre Seigneur fait une affaire personnelle de chaque cas, se met à la place de celui qui souffre qui en a besoin et dont on ne prend pas soin, et nous dit que tout néglige d'accorder la bonté nécessaire à quiconque. lui sont montrés. Cette parole divine donne un immense intérêt aux autres, qui sont amenés providentiellement dans la sphère de notre vie, afin que leurs besoins, quels qu'ils soient, puissent faire appel à notre sympathie et à notre bonté. Les négliger, c'est négliger Christ. Il nous les envoie. Ils le représentent. Les repousser, c'est le détourner.

Cette question du service revêt des formes multiples. Parfois, c'est la pauvreté qui se trouve à notre porte et une aide financière est nécessaire. Mais mille fois plus souvent, ce n'est pas de l'argent, mais quelque chose de plus précieux qu'il faut donner. Il s'agit peut-être d'une sympathie amoureuse. Le chagrin est devant nous. Le cœur d'un autre se brise. L'argent ne servirait à rien ; ce ne serait qu'une amère moquerie de l'offrir. Mais nous pouvons porter aux lèvres du prochain une coupe du vin de l'amour, rempli de notre propre cœur, qui donnera une nouvelle force à celui qui souffre. Ou bien c'est l'angoisse d'une lutte pour la vie, un Gethsémani humain, à côté duquel nous sommes appelés à veiller. Nous ne pouvons apporter aucune aide réelle : l'âme doit mener seule ses batailles ; mais nous pouvons être comme l'ange qui a exercé son ministère à Gethsémané de notre Seigneur, transmettant de la force et aidant le lutteur fatigué à remporter la victoire.

Le monde est plein de tristesse et d'épreuves, et nous ne pouvons pas vivre parmi nos semblables et être vrais sans partager leurs fardeaux. Si nous sommes heureux, nous devons tenir la lampe de notre bonheur afin que ses rayons tombent sur le cœur obscur. Si nous n'avons aucun fardeau , il est de notre devoir de mettre nos épaules sous le fardeau des autres. L'égoisme doit mourir, sinon la vie de notre propre cœur doit être gelée en nous. Nous apprenons vite que nous ne pouvons pas vivre pour nous-mêmes et être chrétiens ; que les bénédictions qui nous sont données sont réellement destinées aux autres, et que nous ne sommes que les ministres de Dieu, pour les porter au nom du Christ à ceux à qui elles sont destinées.

Nous commençons à nous féliciter d'une prospérité particulière, et l'instant d'après, un besoin humain frappe à notre porte, et nous devons partager nos bonnes choses avec un frère souffrant. Nous pouvons élaborer nos belles théories sur la façon de prendre soin de nous-mêmes, de vivre pour l'avenir, de mettre de côté l'été de la prospérité pour l'hiver de l'adversité, de subvenir aux besoins de la vieillesse ou de nos enfants ; mais bien souvent, tous ces projets frugaux et économiques doivent céder aux exigences des besoins humains. L'amour qui ne cherche pas ce qui lui est propre fait des ravages dans la dure logique de la vie et dans les plans du simple intérêt personnel. Nous ne pouvons pas dire que quelque chose nous appartient quand notre frère souffre pour ce que nous pouvons donner.

"Voici l'amour : mettre à nu les épaules.
S'il le faut, pour qu'un plus fragile porte Un manteau pour le protéger de la tempête ; Supporter le souffle du roi des glaces pour avoir chaud ; Écraser les larmes ce serait doux. se déverser, et sourire pour que les autres puissent avoir de la joie à la place.

"C'est là l'amour : sacrifier chaque jour
l'espoir qui est le plus proche de notre sein ; supporter en silence les reproches et souffrir le tort, ni élever la voix pour montrer à quoi appartiennent les deux ; bien plus, maintenant, ni le dire même à Dieu d'en haut. c'est vraiment l'amour, c'est là l'amour."

Il ne se passe pas un jour dans les expériences les plus courantes de la vie, sans que d'autres personnes ne se présentent devant nous avec leurs besoins, nous faisant appel pour un service que nous pouvons leur rendre. Il peut s'agir simplement de la courtoisie ordinaire, de la douce gentillesse du cercle familial, du traitement patient des voisins ou des clients dans les relations d'affaires, de l'intérêt réfléchi porté aux personnes âgées ou aux enfants. De tous côtés, la vie des autres touche la nôtre, et nous ne pouvons faire ce qui nous plaît, ne pensant qu'à nous-mêmes, à notre propre confort et à notre bien, à moins de choisir de trahir tous les instincts de l'humanité et toutes les exigences de l'humanité. loi de l'amour chrétien. Nous devons continuellement penser aux autres.

Nous ne pouvons en aucun cas rechercher notre propre plaisir sans nous demander s'il nuira ou gâchera le confort d'autrui. Par exemple, nous devons penser à la commodité des autres dans l'exercice de notre propre liberté et dans la satisfaction de nos propres goûts et désirs. Il peut être agréable pour nous de nous coucher tard le matin, et nous pouvons être enclins à considérer cette habitude comme une simple complaisance aimable envers nous-mêmes. Mais il y a un côté plus sérieux à cette pratique. Cela brise le flux harmonieux de la vie domestique. Cela sème la confusion dans les projets familiaux de la journée. Cela représente un travail supplémentaire pour les fidèles femmes de ménage ou domestiques. Cela met cruellement à l'épreuve la patience de l'amour.

L'autre jour, un comité important de quinze personnes a dû attendre pendant dix minutes un membre en retard, dont la présence était nécessaire avant de pouvoir faire quoi que ce soit. Enfin , il entra sans même s'excuser d'avoir causé à quatorze hommes occupés une perte de temps qui leur était très précieuse, en plus d'avoir mis à rude épreuve leur patience et leur bon caractère. Nous n'avons pas le droit d'oublier ou de négliger le confort des autres. Une application consciencieuse de la Règle d'Or nous guérirait de toutes ces insouciances.

Ce ne sont là que des illustrations de la manière dont les autres influencent notre vie. Ils sont si proches de nous que nous ne pouvons bouger sans les toucher. Nous ne pouvons pas parler sans que nos paroles affectent les autres. Nous ne pouvons pas agir dans les choses les plus simples sans d'abord nous demander si ce que nous nous apprêtons à faire va aider ou nuire aux autres. Nous faisons partie d'une grande famille et nous n'osons pas vivre pour nous-mêmes. Nous ne devons jamais oublier qu'il existe d'autres personnes.

CHAPITRE XII.

La bénédiction de la fidélité.

"Cela doit être fait par les deux ; Dieu jamais sans moi,
moi jamais sans Dieu." —JOHANNES SCHEFFLER.

« Serviteur fidèle » sera la louange au jour du jugement de ceux qui ont bien vécu sur la terre. Ce ne sont pas les grandes actions qui seront louées, mais la fidélité. Les ministères les plus petits figureront parmi les plus remarquables, s'ils représentent tout ce que les mains faibles peuvent faire. En effet, les deux acariens de la veuve avaient plus de valeur que les grosses pièces de monnaie des hommes riches.

"Deux acariens, deux gouttes, mais toute sa maison et ses terres
sont tombées d'un cœur sérieux mais d'une main tremblante ; la richesse gratuite des autres a écumé haut et courageusement ; les autres ont été rejetés, elle n'a fait que donner."

Pourtant, la fidélité en tant que mesure d'exigence ne peut pas être atteinte sans effort. Il ne fournit pas d'oreiller à l'indolence. Il ne s'agit pas d'abandonner une obligation à un niveau bas, pour rendre la vie plus facile. C'est en effet une mesure élevée. "Tu as été fidèle" est la plus haute louange possible.

Il n'est peut-être pas inutile d'examiner un peu le sens de ce mot en tant que norme d'exigence morale. En général, cela implique de faire tout notre travail du mieux que nous pouvons. Tout notre travail comprend, bien sûr, nos affaires, notre commerce, nos tâches ménagères, toutes nos tâches quotidiennes, ainsi que nos prières, nos lectures de la Bible et notre obéissance à la loi morale. Nous ne devons pas commettre l'erreur de penser qu'il n'y a pas de religion dans la façon dont nous accomplissons le travail commun de notre métier ou de notre ménage, ou notre travail à la ferme, au moulin ou au magasin. La fidélité que Christ exige et recommande englobe toutes ces choses. Souvent aussi, il serait plus facile d'être fidèle dans quelque grande épreuve, exigeant un courage sublime, que dans les petits devoirs insolites d'une journée ordinaire. Phillips Brooks dit : « Vous vous imaginez la beauté du courage et de la fermeté. Vous laissez votre imagination vagabonder avec délice sur la mémoire des martyrs morts pour la vérité. Et puis vient un petit devoir misérable et désagréable, qui est votre martyre, la lampe de votre huile ; et si vous ne le faites pas, comme votre huile est renversée ! Comme votre sentiment plat, mince et sans lumière à l'égard des martyrs s'étend sur votre vie indulgente ! »

Les amateurs de violon connaissent bien le nom de Stradivarius, le vieux luthier de Crémone. Il est mort depuis près de deux cents ans et ses violons se vendent désormais à des prix fabuleux. George Eliot, dans un de ses poèmes, met quelques nobles paroles dans la bouche du vieil homme. Parlant des maîtres qui joueront sur ses violons, il dit :

" Tandis que Dieu leur donne des compétences,
je leur donne des instruments sur lesquels jouer, Dieu m'ayant choisi pour l'aider. "

Se référant à un autre luthier, son rival, il dit :

"Mais s'il était le meilleur,
il ne pourrait pas travailler à deux. Mon travail est le mien, et, hérésie ou non, si ma main se relâchait, je volerais à Dieu - puisqu'il est le plus bon - en laissant un blanc au lieu de violons. Je dis , Dieu lui-même ne peut pas faire de l'homme le meilleur sans l'aide des meilleurs hommes. * * * * * * C'est Dieu qui donne le talent, mais pas sans les mains des hommes. Il ne pourrait pas fabriquer les violons d'Antonio Stradivari sans Antonio.

À première lecture, ces paroles peuvent effectivement paraître hérétiques et irrévérencieuses, mais elles ne le sont pas. Il est vrai, en effet, que même Dieu ne peut pas accomplir notre œuvre sans nous, sans notre compétence, sans notre fidélité. Si nous échouons ou accomplissons notre petit devoir avec négligence, il y aura un vide ou un flou là où il aurait dû y avoir quelque chose de beau. Comme le dit un autre : « L'univers n'est pas tout à fait parfait sans mon travail bien fait ».

Un homme est charpentier. Dieu l'a appelé à cette œuvre. C'est son devoir de construire des maisons, et de bien les construire. Autrement dit, il doit être un bon charpentier, pour faire le meilleur travail possible. Si, par conséquent, il fait un travail négligent, imparfait, malhonnête, difficile, méprisé, il vole Dieu, ne laissant que de mauvais charpentiers là où il aurait dû laisser de bons. Car même Dieu lui-même ne construira pas de maisons de charpentier sans le charpentier. Ou bien, voici une mère dans un foyer. Ses enfants sont autour d'elle, avec leurs besoins. Sa maison exige son talent, son goût, son raffinement, son travail et ses soins. C'est sa vocation d'être une bonne mère et de créer un véritable foyer pour sa famille. Son devoir est de toujours faire de son mieux pour rendre sa maison belle, lumineuse, heureuse, un endroit convenable pour que ses enfants puissent grandir. La fidélité exige qu'elle rende toujours un tel service en tant que mère, que Jésus dira de sa maison : faisant, "Elle a fait ce qu'elle pouvait." Faire moins que son mieux, c'est manquer de fidélité. Supposons que sa main se relâche, qu'elle devienne négligente, ne volerait-elle pas clairement Dieu ? Car même Dieu ne peut pas créer une belle maison pour ses enfants sans elle.

donc appliquer le principe à toutes sortes de travaux. La fidélité que Dieu exige doit s'étendre à tout ce que nous faisons, à la façon dont l'enfant reçoit ses leçons et les récite, à la façon dont la couturière et le tailleur cousent leurs coutures, à la façon dont le forgeron soude le fer et ferre le cheval, à la façon dont le plombier installe les tuyaux dans le nouveau bâtiment et s'occupe du drainage, à la façon dont le charpentier effectue son travail sur la maison, à la façon dont le constructeur de pont fait pivoter le pont au-dessus du ruisseau, à la façon dont l'employé représente les marchandises et les mesure ou les pèse. « Sois fidèle » est la parole qui résonne du ciel à toutes les oreilles. La parole de Dieu pour l'accomplissement de chaque travail que chacun fait. Comme cela mettrait bientôt un terme à toute malhonnêteté, à toute fraude, à tout travail insuffisant, à tous les faux poids et mesures, à toutes les impostures, à toutes les négligences ou méconnaissances du devoir, si seulement cette leçon était apprise et mise en pratique partout !

" Peu importe, disent les gens, que je fasse bien ou non mon petit travail. Bien sûr, je ne dois pas voler, ni mentir, ni commettre de faux, ni enfreindre le sabbat. Ce sont des choses morales. Mais il n'y a pas de péché. en recousant négligemment cette couture, ou en utilisant un mauvais mortier dans ce mur, ou en mettant du bois de qualité inférieure dans cette maison, ou un morceau de fer défectueux dans ce pont. Mais nous devons apprendre que la loi morale s'applique partout, aussi bien à la menuiserie, à la forge ou à la couture qu'à l'observation du sabbat. Nous ne pourrons jamais échapper à cette loi.

En outre, la manière dont nous accomplissons notre travail est importante, pour le bien de notre prochain ainsi que pour l'honneur de la loi de Dieu. Le maçon fait un travail négligent sur les parois du conduit de fumée qu'il installe, et une nuit, des années plus tard, une étincelle se glisse à travers la crevasse et atteint une poutre en bois qui se trouve là, et bientôt la maison est en flammes et peut-être des vies précieuses périssent. . Le maçon a été infidèle. Le fondeur , en fondant les grands supports en fer d'un pont, reste un instant indifférent, et une bulle d'air fait un défaut. Il est enfoui au cœur du faisceau et échappe à la détection. Un jour, des années plus tard, une terrible catastrophe se produit. Un grand pont ferroviaire cède sous le poids d'un train express et des centaines de vies sont perdues. Dans l'enquête, il est attesté qu'un léger défaut dans une poutre était la cause de l'horrible calamité qui a jeté tant de vies dans l'éternité. L'ouvrier de la fonderie a été infidèle.

Ce ne sont là que des suggestions du devoir et de son importance. Aucune œuvre ne peut être si peu importante qu'il importe peu qu'elle soit exécutée fidèlement ou non. L'infidélité dans les plus petites choses est une infidélité, et Dieu est attristé, et peut-être qu'un jour, quelque part, un désastre peut survenir comme conséquence de cette négligence. D'un autre côté, la fidélité plaît à Dieu, même si elle ne concerne que le nettoyage d'une pièce ou l'exécution soignée des plus petites choses du ménage. La fidélité a alors une influence considérable. L'univers n'est pas tout à fait complet sans le petit travail bien fait de chacun.

La culture personnelle que procure la simple habitude de fidélité est en elle-même une riche récompense pour tous nos efforts. C'est une bonne chose de s'entraîner à toujours faire de notre mieux, à faire un travail aussi parfait que possible. Michel-Ange a dit : « Rien ne rend l'âme plus pure, plus religieuse que l'effort de créer quelque chose de parfait ; car Dieu est perfection, et quiconque s'efforce d'y parvenir, s'efforce d'obtenir quelque chose qui soit semblable à Dieu. » L'habitude, inébranlablement persistante, de tout faire avec la conscience la plus scrupuleuse, construit chez celui qui vit ainsi un caractère noble et beau.

CHAPITRE XIII.

SANS HACHE NI MARTEAU.

"Les âmes sont construites comme le sont les temples , -
Basées sur la loi éternelle de la vérité, Sûres et inébranlables, sans défaut, À travers le soleil, à travers les neiges, L'édifice s'élève et avance ; Chaque chose juste trouve sa place, Chaque chose difficile prête une grâce. , Chaque main peut faire ou gâcher.

Nous lisons à propos du temple de Salomon, lorsqu'il était en construction, qu'il était bâti en pierre préparée dans la carrière, de sorte qu'on n'entendait ni marteau, ni hache, ni aucun outil de fer dans la maison pendant sa construction.

"Aucun acier d'ouvrier, aucune hache lourde ne sonnait ;
comme une grande paume, le tissu silencieux jaillissait."

C'est ainsi que la grande œuvre de construction de temples spirituels se poursuit continuellement dans ce monde. Nous sommes tous des bâtisseurs vraiment silencieux. Le royaume de Dieu ne vient pas sans observation. L'Esprit divin agit en silence, changeant le cœur des hommes, transformant les vies, réconfortant le chagrin, attisant l'espoir dans les cœurs obscurs, lavant les âmes écarlates blanches comme neige. Le prédicateur peut parler avec la voix d'un Boanerges, mais la puissance qui atteint les cœurs n'est pas le bruit du prédicateur ; en silence, la voix divine murmure dans l'âme son secret de conviction, ou d'espérance, ou de force. Le Seigneur n'est pas dans la tempête, dans le tremblement de terre, dans le feu, mais dans le son de la douceur, le murmure de l'esprit qui respire à travers l'âme.

Le meilleur travail que chacun d'entre nous fasse dans ce monde est peut-être celui que nous faisons sans bruit. Les mots émettent du son, mais ce ne sont pas les sons qui font le bien, qui éclairent les visages tristes lorsque les gens les écoutent, qui changent les larmes en rire, qui stimulent l'espoir, qui donnent du courage aux cœurs défaillants, ce n'est pas le bruit de nos paroles , mais les pensées que véhiculent les mots. Les mots ne sont que des messagers bavards qui portent les messages scellés ; et ce sont les messages qui aident et réconfortent. Nous pouvons faire du bruit pendant que nous travaillons, mais ce n'est pas notre bruit qui construit ce que nous laissons derrière nous en beauté. C'est la vie qui construit et la vie est silencieuse. La force qui agit dans nos foyers est une force silencieuse : l'amour maternel, l'amour paternel, la patience, la douceur, la prière, la vérité, les influences de la grâce divine.

Il en va de même dans la construction du caractère personnel de chacun de nous. Il y a peut-être beaucoup de bruit autour de nous, mais c'est dans le silence que nous grandissons. De mille sources viennent les petits blocs posés sur les murs, les leçons que nous recevons des autres, les influences que nos amis exercent sur nous, les vérités que nos lectures mettent dans notre esprit, les impressions que la vie nous laisse, les inspirations que nous recevons de l'Esprit divin, toujours les bâtisseurs travaillent sur nos caractères, mais ils travaillent en silence, sans bruit de marteau ou de hache.

Il y a une autre suggestion. Dans les sombres carrières, sous la ville, les hommes travaillaient, coupaient, taillaient, polissaient les pierres. Ils accrochaient leurs petites lampes aux murs et, avec leurs marteaux et leurs ciseaux, ils taillaient les gros blocs. Les mois et les années passèrent ; puis un jour, il y eut une grande dédicace, et là, sous un soleil radieux, toute l'œuvre secrète et obscure de ces années fut vue dans sa beauté finale, au milieu de la joie d'une nation. Si les hommes qui avaient travaillé dans les carrières étaient présents ce jour-là, quelle joie cela aurait dû être pour eux de penser à leur travail de préparation des grosses pierres pour leur place dans ce magnifique édifice !

Voici une parabole. Ce monde est la carrière. Nous travaillons dur dans l'obscurité. Nous ne pouvons pas voir quel bien peut sortir un jour de notre labeur solitaire, douloureux et obscur. Pourtant, un jour, notre travail se manifestera dans la gloire du ciel. Nous préparons les matériaux maintenant et ici pour le temple du grand roi, qui dans le ciel s'élève lentement à travers les âges. Aucun bruit de marteau ou de hache n'est entendu dans tout ce merveilleux édifice, parce que les pierres sont toutes façonnées et polies et entièrement préparées dans ce monde.

Nous sommes les pierres et le monde est la proie de Dieu. Les pierres du temple ont été taillées dans le grand rocher situé dans la sombre caverne souterraine. Ils étaient rugueux et informes. Ensuite, ils étaient mis en forme, ce qui nécessitait beaucoup de découpe, de martelage et de ciselage . Sans ce travail sévère et pénible sur les pierres, aucune d'entre elles n'aurait jamais pu occuper une place dans le temple. Enfin , lorsqu'ils furent prêts, ils furent retirés de la sombre carrière et transportés jusqu'au sommet de la montagne, où s'élevait le temple, et furent déposés à leur place.

Nous sommes encore des pierres dans la carrière. Lorsque nous avons accepté Christ, nous avons été coupés de la grande masse de roc. Mais nous étions encore rudes et informes ; pas digne du paradis. Avant que nous puissions être prêts à occuper notre place dans le temple céleste, nous devons être taillés et façonnés. Le marteau doit faire son travail en brisant les aspérités . Le ciseau doit être utilisé pour sculpter et polir nos vies en beauté. Ce travail s'effectue dans les nombreux processus de la vie. Chaque péché, chaque faute dans notre caractère est une tache rugueuse dans la pierre qui doit être ciselée . Toutes les lignes courbes doivent être redressées. Nos vies doivent être taillées et taillées jusqu'à ce qu'elles soient conformes aux normes parfaites de la vérité divine.

Le travail en carrière n'est pas toujours agréable. Si les pierres avaient un cœur et une sensibilité, elles crieraient parfois de douleur en sentant les coups de marteau et les profondes coupures du ciseau. Pourtant, l'ouvrier ne doit pas écouter leurs cris et retirer sa main, sinon ils seraient finalement jetés comme des blocs sans valeur, qui ne seraient jamais construits à la place d'honneur.

Nous ne sommes pas des pierres ; nous avons du cœur et des sensibilités, et nous crions souvent lorsque le marteau efface les aspérités de notre caractère. Mais nous devons nous abandonner à ce travail pénible et le laisser continuer, sinon nous n'aurons jamais notre place de pierres vivantes dans le beau temple du Christ. Nous ne devons pas grimacer sous les coups aigus du chagrin. Dit le Dr TT Munger :

"Quand Dieu t'afflige, pense qu'il taille une pierre robuste
qui doit être façonnée, sinon jetée de côté comme inutile."

Il y a encore une autre suggestion provenant de ce singulier bâtiment de temple. Chaque vie individuelle a ses carrières où se forment les blocs qui se construisent ensuite en caractère ou qui prennent forme en actes. Les écoles sont des carrières où, après des années d'études patientes, les matériaux nécessaires à la vie sont préparés, l'esprit est discipliné, les habitudes se forment, les connaissances s'acquièrent et le pouvoir est stocké. Plus tard, dans la vie active, le temple s'élève sans bruit de marteau ni de hache. Les foyers sont des carrières où l'on élève les enfants, où la vérité morale est logée dans le cœur, où les éléments du caractère sont taillés comme de belles pierres, pour apparaître dans la vie ultérieure, lorsqu'elle grandira parmi les hommes.

Ensuite, il y a les carrières de pensée liées à ce que les gens voient dans chaque vie humaine. Les hommes doivent être des penseurs silencieux avant que leurs paroles ou leurs actes puissent avoir une grande beauté ou un grand pouvoir. L'improvisation n'a que peu de valeur, où qu'elle soit. Les bavards désinvoltes et faciles, qui sont toujours prêts à parler sur n'importe quel sujet, qui n'ont pas besoin de temps de préparation, peuvent continuer à bavarder indéfiniment, mais leur discours n'est que du bavardage. Les mots qui valent la peine d'être entendus sortent de carrières de pensée où ils ont été souvent forgés dans la lutte et l'angoisse. Le père Ryan, dans l'un de ses poèmes les plus exquis, parle de la « vallée du silence » où il prépare les chansons qu'il chante ensuite :

"Dans le silence de la vallée du silence,
je rêve toutes les chansons que je chante ; Et la musique flotte dans la
sombre vallée jusqu'à ce que chacun trouve un mot pour exprimer
l'admiration ,
Pour les cœurs, comme la colombe du déluge, Un message de paix. ils
peuvent apporter.

C'est donc l'une de toutes les grandes pensées. Les penseurs réfléchissent
longtemps dans le silence, puis se manifestent et leur éloquence nous séduit.
Ainsi en est-il de l'art. Nous regardons une belle image et nos cœurs sont
réchauffés par sa merveilleuse beauté. Mais connaissons-nous l'histoire de
l'image ? Des années et des années de réflexion et de labeur infatigable
témoignent de sa beauté envoûtante. Ou voici un livre qui vous charme, qui
vous passionne et vous inspire. De grandes pensées se trouvent sur ses pages.
Connaissez-vous l'histoire du livre ? L'auteur a vécu, lutté, travaillé, souffert,
pleuré, afin de pouvoir écrire les mots qui vous aident maintenant. Derrière
toute bonne pensée de vie qui bénit les hommes se trouve une sombre
carrière où la pensée est née et façonnée dans la beauté de la forme qui en
fait une bénédiction pour le monde.

Ou voici un personnage noble et beau. La bonté lui paraît naturelle. Il semble
facile pour l'homme d'être noble et de faire des choses nobles. Mais encore
une fois, la carrière se trouve à l'arrière du temple. Le cœur de chacun est la
proie d'où sort tout ce que la personne construit dans sa vie. "Comme il pense
dans son cœur, ainsi est-il." Tout ce qui apparaît dans nos vies sort de notre
cœur. Tous nos actes sont des premières pensées. Le tableau de l'artiste, le
poème du poète, la chanson du chanteur, le bâtiment de l'architecte sont des
pensées avant d'être transformées en formes de beauté. Toutes les
dispositions, tempéraments, sentiments, paroles et actes commencent dans
le cœur. Si les ouvriers avaient extrait des pierres défectueuses dans les
cavernes, le temple aurait été gâté. Un cœur mauvais, avec des pensées
souillées, des imaginations impures, des sentiments flous, ne pourra jamais se
forger un caractère juste et charmant.

Nous devons protéger notre carrière de cœur avec toute la diligence possible,
car c'est de là que proviennent les enjeux de la vie. Les pensées construisent
la vie et forment le caractère. Les pensées blanches dressent un beau tissu
devant Dieu et l'homme. Les pensées sales accumulent une vie souillée, sans
beauté ni honneur. Nous devons donc faire attention à notre carrière de
cœur, où le travail se poursuit sans cesse dans l'obscurité. Si tout se passe bien
, nous n'avons pas besoin de nous préoccuper de la construction du caractère.
En gardant son cœur avec diligence, on obtient une vie préservée des
souillures du monde.

Une petite enfant lisait les béatitudes et on lui demanda laquelle des qualités qui y étaient mentionnées elle désirait le plus. "Je préférerais avoir le cœur pur", a-t-elle déclaré. Lorsqu'on lui demande la raison de son choix, elle répond : « Si seulement je pouvais avoir un cœur pur, je posséderais alors toutes les autres qualités des béatitudes en l'Un. » L'enfant avait raison. Un cœur pur construira une belle vie, un temple digne du Christ. Penser aux saintes pensées de Dieu après lui nous rendra semblables à Dieu. En pensant habituellement au Christ, la beauté du Christ viendra dans nos âmes et brillera sur nos visages.

CHAPITRE XIV.

FAIRE DES CHOSES FOB CHRIST.

"Nous pouvons mieux le servir en aidant ceux
qui n'osent pas toucher l'ourlet de son vêtement sacré; Leurs vies sont
comme les nôtres - une seule pièce, un seul plan. Nous ne le connaissons
pas, nous ne le connaîtrons jamais, jusqu'à ce que nous le voyions le moins
du monde. de ceux qui souffrent ou qui pèchent. Dans les âmes malades, il
se trouve lié et soupire, demande nos sympathies ; leurs yeux
reconnaissants, ta bénédiction leur accorde, frère et Seigneur, — 'C'est vous
qui me l'avez fait.'"
— LUCY LARCOM.

Si le Christ était là, disons-nous, nous ferions beaucoup de choses pour lui.
Les femmes qui l'aiment le serviraient volontiers, tout comme les femmes qui
l'ont suivi depuis la Galilée. Les hommes qui sont ses amis s'efforceraient de
l'aider de toutes les manières qu'il pourrait diriger. Les enfants qui essayaient
de lui plaire feraient des courses pour lui. Nous disons tous que nous serions
ravis de le servir si seulement il revenait dans notre monde et visitait nos
maisons. Mais nous pouvons faire des choses pour lui aussi réellement que
s'il était de nouveau là sous forme humaine.

Une façon d'y parvenir est de lui obéir. Il est notre Seigneur. Rien ne lui plaît
autant que notre obéissance. On raconte qu'un grand philosophe, un ami vint
un jour le voir et fut reçu par la petite fille du philosophe jusqu'à l'arrivée de
son père. L'ami supposait que l'enfant d'un homme aussi sage apprendrait
quelque chose de très profond. Alors il lui a demandé : « Que t'enseigne ton
père ? La petite servante le regarda avec ses yeux clairs et dit : « Obéissance
». C'est la seule grande leçon que notre Seigneur nous enseigne. Il veut que
nous apprenions l'obéissance. Si nous lui obéissons toujours, nous ferons
toujours des choses pour lui.

Nous faisons des choses pour Christ que nous faisons par amour pour lui.
Même l'obéissance sans amour ne lui plaît pas. Mais les moindres services
que nous pouvons rendre, si l'amour les inspire, il les accepte. Ainsi, nous
pouvons faire des tâches les plus courantes de notre vie des ministères sacrés,
aussi sacrés que ce que font les anges. Il existe une légende selon laquelle un
moine peignait dans une ancienne cellule de couvent des images de martyrs
et de saints ainsi que du doux visage du Christ avec une couronne d'épines.
Les hommes appelaient ses tableaux seulement des barbouillages.

"Une nuit, le pauvre moine réfléchit: 'Pourrais-je mais rendre
honneur au Christ comme le font les autres peintres - si mon talent était
aussi grand que l'est le tendre amour qui m'inspire lorsque je vois sa croix.'

« Mais non, c'est en vain que je travaille et lutte dans le chagrin ;
ce que l'homme méprise tant peut encore moins *admirer* ;
l'œuvre de ma vie est sans valeur ; demain je jetterai au feu mes tableaux
mal faits. »

"Il leva les yeux dans sa cellule - Ô merveille !
Il y avait un visiteur ; il était couronné d'épines ; et une voix douce déchira
le silence : 'Je ne méprise aucun travail qui est fait par amour pour moi.'

"Et autour des murs, les peintures brillaient resplendissantes
Avec des lumières et des couleurs pour ce monde inconnu, D'une beauté
parfaite et d'une teinte transcendante, Qui n'ont encore jamais brillé sur une
toile mortelle."

Il y a une belle signification dans la vieille légende. Le Christ ne méprise
aucune œuvre effectuée par amour pour lui. La plupart d'entre nous ont
beaucoup de corvées dans notre vie, mais même cela, nous pouvons les
rendre glorieuses en les accomplissant par amour pour Christ.

Les choses que nous faisons pour les autres au nom du Christ sont faites
pour lui. Nous nous souvenons tous de ce merveilleux « dans la mesure » du
vingt-cinquième épître de Matthieu. Si nous trouvons le malade ou le pauvre
et allons exercer notre ministère, autant que nous le pouvons, comme pour
le Seigneur, l'acte est accepté comme s'il avait été fait à lui en personne. Mme
Margaret J. Preston, dans l'un de ses beaux poèmes, parle d'une sœur fatiguée
qui était profondément affligée parce que, lui semblait-il, elle n'avait pas été
capable de faire le moindre travail pour Christ. Au lit de sa mère mourante ,
elle avait promis de prendre soin de sa petite sœur, et son travail pour l'enfant
lui remplissait tellement les mains qu'elle n'avait pas le temps de faire autre
chose. Alors qu'elle souffrait ainsi une fois, la petite sœur qui dormait à côté
d'elle remua et lui raconta un rêve doux et étrange qu'elle avait fait. Elle
pensait que sa sœur était assise triste parce que le roi avait demandé à chacun
de lui apporter un cadeau.

"Et dans mon rêve , je t'ai vu là,
et je t'ai entendu dire : 'Aucune main ne peut supporter Un cadeau aussi
rempli de soins.'

« Qu'importe ? » » dit le roi, et il sourit
En vous entendant répondre, en gémissant sauvagement, « Je peine
seulement à nourrir un enfant.

"Et puis avec un regard si divin
("C'est ça qui m'a réveillé avec son éclat),
il a murmuré : 'Mais l'enfant est à moi.'"

Nombreux sont ceux pour qui ce petit poème-histoire devrait être un doux réconfort. Il y a des pères et des mères qui ont du mal à subvenir aux besoins de leurs enfants. Cela prend tout leur temps et toutes leurs forces, et parfois ils disent : « Je ne peux faire aucun travail pour le Christ, car il faut chaque instant pour gagner du pain et des vêtements pour mes petits et pour prendre soin d'eux. Mais Jésus murmure : « Oui ; pourtant vos enfants sont à moi, et ce que vous faites pour eux, vous le faites pour moi. »

Il y a dans une maison un invalide qui a besoin de tout son temps et qui pense à un autre membre de la maison avec une attention aimante. Il peut s'agir d'un parent âgé ayant besoin de l'aide d'un enfant ; il peut s'agir d'un enfant, infirme, aveugle ou malade, ayant besoin de tous les soins d'un parent ; ou bien il peut s'agir d'un frère dont la santé est brisée et qu'une sœur est appelée à attendre continuellement avec un amour patient. Et parfois, ceux qui sont ainsi obligés de passer leurs jours et leurs nuits au service des autres ont le sentiment que leur vie ne compte pour rien dans l'œuvre pour Christ. Ils entendent les appels aux ouvriers et au service, mais ne peuvent pas répondre. Leurs mains sont déjà remplies. Pourtant, Jésus murmure : « Ceux pour qui vous travaillez, prenez soin et consacrez du temps et de la force sont à moi, et en faisant pour eux, vous faites pour moi un travail tout aussi acceptable que le sont ceux qui travaillent sans distraction ni obstacle en plein air. champ."

Parfois, le travail que nous accomplissons pour Christ avec le plus pur amour échoue, ou semble échouer. Rien ne semble en sortir. Il y a des vies entières de personnes pieuses qui semblent ne rien rapporter. Un mot devrait être dit sur ce genre d'action pour Christ. Nous devons affirmer comme vrai sans exception qu'aucune œuvre accomplie au nom du Christ et avec amour pour lui n'est jamais perdue. Ce que nous, dans notre vision limitée et à courte vue, avions prévu de faire ne se réalisera peut-être pas, mais le dessein de Dieu se poursuit dans chaque vie consacrée, dans chaque véritable action accomplie. Les disciples pensaient que le onguent coûteux de Marie était gaspillé. Il semblait donc ; mais ce monde est un peu plus doux depuis le bris du vase qui laissait le parfum s'échapper dans son air commun. Il en va de même pour beaucoup de choses qui sont faites et de nombreuses vies vécues. Ils semblent échouer, et rien sur terre ne montre où ils en sont. Pourtant, d'une manière ou d'une autre, le stock de bonheur humain est plus grand et le monde est un peu meilleur.

Notre travail pour Christ qui échoue dans ce que nous souhaitions peut néanmoins laisser une bénédiction d'une autre manière. Pendant plusieurs mois, une fidèle enseignante biblique a rendu visite à un jeune homme malade, membre de sa classe. Elle lui a lu la Bible, chanté de doux hymnes et prié à son chevet. Il n'était pas chrétien et elle espérait qu'il serait conduit au Christ. Mais enfin il se rétablit et repartit, inchangé, ou même plus indifférent que jamais à ses intérêts spirituels. Tout le travail du fidèle professeur semblait avoir été vain. Puis elle apprit qu'une jeune fille fragile et invalide, vivant dans une maison voisine, avait été amenée au Christ grâce au travail d'amour accompli pour l'érudit insouciant. Les chants chantés au chevet du malade, et qui semblaient n'avoir laissé aucune bénédiction dans son cœur, avaient été entendus à travers le mince mur de la maison dans la chambre du malade de la jeune fille et lui avaient parlé de l'amour du Sauveur .

Les archives du ministère chrétien regorgent de bonnes œuvres accomplies involontairement. À défaut de laisser une bénédiction là où on espérait qu'elle serait reçue, elle a béni une autre vie. Nous ne pouvons pas dire qu'une bonne œuvre a échoué jusqu'à ce que nous connaissions, lors de la dernière grande moisson, tous les résultats de ce que nous avons fait et des paroles que nous avons prononcées.

"Tous ceux qui semblent échouer n'ont pas vraiment échoué ;
Tous ceux qui échouent n'ont donc pas travaillé en vain ; Car tous nos actes mènent à de nombreuses questions ; Et dans un but sérieux, pur et clair, Renforcé par un travail honnête de la main ou du cerveau, Le Le Seigneur façonnera à son bon moment (que ce soit le credo fièrement humble du travailleur), des fins telles que celles de sa sagesse, qui sonneront
le plus convenablement avec les harmonies éternelles de son vaste amour. Il n'y a pas d'échec pour les bons et les sages; et même si ta semence tombait au bord du chemin, et les oiseaux l'arrachent ? — Pourtant les oiseaux sont nourris ; ou ils peuvent le porter loin à travers la marée, pour donner de riches récoltes après que tu sois mort.

Beaucoup de gens meurent et ne voient encore aucune récolte des semailles de leur vie. Ils arrivent à la fin de leurs années et leurs mains sont vides. Mais lorsqu'ils entreront au ciel , ils découvriront qu'ils y ont réellement construit pendant tout ce temps, que les choses qui semblaient ne laisser aucun résultat sur la terre ont laissé des résultats glorieux à l'intérieur des portes de perle.

"Il n'y a pas de fin au ciel,
et les étoiles sont partout, et le temps est l'éternité, et ici est là-bas ; car les actes communs du jour commun sonnent les cloches au loin."

Alors, même si le travail que nous accomplissons ne laisse aucune trace en lui-même, son exécution laisse une trace – une impression – sur notre propre vie. Il y a une parole de l'Écriture qui dit : « Celui qui fait la volonté de Dieu demeure éternellement ». Faire la volonté de Dieu renforce en nous un caractère durable. Chaque obéissance ajoute une nouvelle touche de beauté à l'âme. Chaque chose vraie que nous faisons au nom du Christ, même si elle ne laisse aucune marque ailleurs dans l'univers de Dieu, laisse une marque impérissable sur notre propre vie. Chaque acte de bonté désintéressée que nous accomplissons avec amour pour Christ dans notre cœur, même s'il ne bénit aucune autre âme au monde, laisse sur nous-mêmes sa bénédiction sûre.

Il y a des milliers d'années qu'une feuille était tombée sur l'argile molle et semblait perdue. Mais l'été dernier, un géologue, au cours de ses divagations, a brisé un morceau de roche avec son marteau, et là gisait l'image de la feuille, avec chaque ligne, chaque nervure, et tous les délicats entrelacs, préservés dans la pierre au cours de ces siècles. Ainsi, les paroles que nous prononçons et les choses que nous faisons pour Christ aujourd'hui peuvent sembler perdues, mais dans la grande révélation finale, les plus petites d'entre elles apparaîtront, pour la gloire de Christ et la récompense de celui qui l'agit.

CHAPITRE XV.

AIDE ET SUR-AIDE.

" Alors que nous rencontrons et touchons chaque jour
les nombreux voyageurs sur notre chemin,
que chaque bref contact soit un ministère glorieux et utile ; le contact de la
terre et de la graine, chacun donnant aux besoins de l'autre, chacun aidant
pour le meilleur de l'autre, et bénissant chacun ainsi que béni. "

Même la gentillesse peut être exagérée. On peut être trop doux. L'amour peut détourner les autres de leur devoir et ainsi détruire leur destinée. Nous devons nous garder de nous mêler de la discipline de Dieu, en adoucissant l'expérience qu'il veut être dur, en mettant notre ami à l'abri du vent qu'il a l'intention de souffler de manière glaciale. Tout l'été ne constitue pas une zone propice à la vie ; nous avons besoin de l'automne et de l'hiver pour tempérer la chaleur et empêcher la végétation de se développer de manière luxuriante. La meilleure chose que nous puissions faire pour les autres n'est pas toujours de prendre leur charge ou de faire leur devoir à leur place.

Bien sûr , nous devons être utiles aux autres. Aucun objectif ne devrait être placé plus haut dans nos projets de vie que celui de l'utilité personnelle. La devise du vrai chrétien ne peut être autre que celle du Maître : « Ne pas être servi, mais servir ». Même dans l'ambition d'amasser et de conserver des richesses, l'esprit du désir doit être, si nous sommes chrétiens, de pouvoir ainsi devenir plus utiles aux autres ; afin que grâce ou au moyen de notre richesse, nous puissions être en mesure de faire un bien de plus en plus grand. Quel que soit le don, le pouvoir ou la possession que nous possédons et que nous ne cherchons pas à utiliser de cette manière, ils ne sont pas encore véritablement consacrés à Dieu. Le fruit est le test du caractère, et le but du fruit n'est pas d'orner l'arbre ou la vigne, mais de nourrir la faim. Tout ce que nous sommes, tout ce que nous avons, est un fruit et doit être conservé pour nourrir la faim des autres. Ainsi, la serviabilité personnelle est le but de toute vie véritablement consacrée. Dans la mesure où nous vivons pour nous-mêmes, nous ne sommes pas chrétiens.

Il existe alors de nombreuses façons d'aider les autres. Certaines personnes nous aident matériellement. C'est une sorte d'aide encore plus élevée que nous recevons de ceux qui répondent à nos besoins mentaux, qui écrivent les livres qui nous charment, nous instruisent et nous divertissent. L'esprit est plus grand que le corps. Le pain, les vêtements, les meubles et les maisons ne satisferont pas nos envies intellectuelles. Il y a cependant ceux qui nous aident dans ces domaines plus élevés. La musique, la poésie et l'art contribuent à la fois à notre satisfaction et à notre culture. Les bons livres nous apportent des bienfaits inestimables. Ils nous parlent de nouveaux mondes et nous incitent à les conquérir. Ils nous montrent des idéaux élevés et nobles et nous stimulent à les atteindre. Ils nous rendent plus grands, meilleurs et plus forts. L'aide que nous recevons des livres est incalculable.

Pourtant, l'aide la plus véritable et la meilleure que l'on puisse apporter aux autres ne réside pas dans les choses matérielles, mais dans les moyens qui les rendent plus forts et meilleurs. L'argent est une bonne aumône quand on en a vraiment besoin, mais en comparaison avec les dons divins d'espoir, d'amitié, de courage, de sympathie et d'amour, il est dérisoire et pauvre. Habituellement , l'aide dont les gens ont besoin n'est pas tant l'allègement de leur fardeau que la force nouvelle qui leur permet de le supporter et de s'y tenir debout. La meilleure chose que nous puissions faire pour autrui, a dit quelqu'un , n'est pas de lui rendre certaines choses faciles, mais de faire de lui quelque chose.

C'est justement ici que l'amitié commet la plupart de ses erreurs. Cela aide trop. Il aide en apportant du secours, en soulevant des charges, en éliminant les obstacles, alors qu'il aiderait beaucoup plus sagement en cherchant à transmettre de l'espoir, de la force et de l'énergie. "Nos amis", dit Emerson, "sont ceux qui nous font faire ce que nous pouvons." Un autre écrivain dit : « Notre véritable ami n'est pas l'homme ou la femme qui aplanit nos difficultés, jette un voile sur nos échecs, s'interpose entre nous et les sanctions que nos erreurs nous ont infligées, mais l'homme ou la femme qui nous fait comprendre nous-mêmes et nous aide à améliorer les choses. L'amour est faible et, trop souvent, il dorlote et flatte. Il pense que la loyauté exige qu'il rende la vie la plus facile possible à l'être aimé.

Trop souvent, notre amitié manque de vision à cet égard et est très blessante pour ceux que nous désirons ardemment aider. Nous ne devrions jamais nous livrer ou encourager la faiblesse des autres lorsque nous pouvons, d'une manière ou d'une autre, la stimuler en force. Nous ne devrions jamais faire pour autrui quelque chose que nous pouvons lui inspirer à faire pour lui-même. Une grande partie de l'affection parentale se trompe à ce stade. La vie est trop facile pour les enfants. Ils sont à l'abri alors qu'il valait mieux qu'ils affrontent la tempête. Ils sont sauvés du labeur et de l'effort, alors que le labeur et l'effort sont pour eux les moyens de grâce ordonnés par Dieu, dont les parents les privent dans leur trop grande tendresse. Il y a des enfants qui sont lésés par la cruauté et l'inhumanité de leurs parents, et dont les cris vers le ciel font basculer le trône de l'Éternel ; mais il y a aussi des enfants à qui la trop grande bonté de leurs parents lèse beaucoup de ce qu'il y a de plus noble et de meilleur dans leur héritage.

Dans toute amitié chaleureuse, la tentation est également forte de commettre la même erreur. Nous devons toujours faire attention à ne pas trop aider.

Notre objectif devrait toujours être d'inspirer à notre ami une nouvelle énergie, de développer en lui la force la plus noble, de faire ressortir le meilleur de sa virilité. Une aide excessive va à l'encontre de ces fonctions d'amitié.

Il y a un point particulier sur lequel une mise en garde particulière peut être formulée. Nous devons garder nos sympathies lorsque nous souhaitons réconforter et aider ceux qui souffrent ou sont en difficulté de quelque nature que ce soit. Cela peut paraître grave à dire, mais la maladie est souvent aggravée par la pitié des amis. Il y a chez les natures faibles une tendance à se laisser aller à la maladie, à exagérer ses symptômes, à imaginer qu'elle est plus grave qu'elle ne l'est en réalité et à succomber facilement à son influence. Vous trouvez votre ami indisposé et vous exprimez abondamment votre sympathie, encourageant ou suggérant des craintes, exhortant une aide médicale rapide. Vous pensez avoir fait preuve de gentillesse, mais il est très probable que vous ayez causé de graves blessures. Vous avez laissé une influence déprimante derrière vous. Votre ami est découragé et alarmé. Vous l'avez laissé plus faible, pas plus fort.

Il peut sembler dur de paraître antipathique envers les invalides et ceux qui sont légèrement ou même gravement malades ; ne pas s'intéresser à leurs plaintes ; ne pas leur dire des choses compatissantes ; mais en réalité, cela fait partie de la véritable amitié d'aider les malades à lutter contre leurs maux. Nous devons donc nous garder de prononcer des paroles qui pourraient les décourager, accroître leur peur, exagérer leur idée de leur maladie ou les affaiblir dans leur lutte. D'un autre côté, nous devons dire des paroles qui les réconforteront, les fortifieront et les rendront plus courageux pour le combat. Notre devoir est de les aider à se rétablir.

Peut-être que le remède dont ils ont besoin est un aperçu de perspectives joyeuses. Les malades tombent souvent dans une humeur de découragement et d'apitoiement sur eux-mêmes qui retarde sérieusement leur guérison. S'asseoir alors à côté d'eux et tomber dans leur esprit sombre, écoutant avec sympathie leurs paroles découragées, c'est leur faire cruellement du mal. Le véritable rôle de l'amitié dans de tels cas est de chasser le découragement et de mettre de l'espoir et du courage dans le cœur endolori. Nous devons essayer de rendre notre ami malade plus courageux pour supporter ses souffrances.

Alors, même dans le caractère sacré du chagrin, nous ne devons jamais oublier que notre mission envers les autres n'est pas simplement de pleurer avec eux, mais de les aider à être victorieux, à recevoir leur chagrin comme un messager de Dieu et à se comporter comme le Dieu de Dieu. les enfants en dessous. Au lieu donc de simples condoléances émotionnelles envers nos amis dans leurs moments de chagrin, nous devrions chercher à leur présenter le puissant réconfort de l'amour divin et à les inciter à supporter leur chagrin dans la foi, l'espérance et la joie.

Toute aide personnelle doit donc être sage et réfléchie. Elle ne devrait jamais tendre à chouchouter la faiblesse, à encourager la dépendance, à rendre les gens timides, à affaiblir la virilité et la féminité, à parasiter ceux qui se tournent vers nous avec leurs fardeaux et leurs besoins. Nous devons veiller à ce que notre aide n'éclipse aucune vie que nous devrions plutôt stimuler vers une croissance noble et belle. Dieu ne commet jamais de telles erreurs. Il ne nous manque jamais dans le besoin, mais il nous aime trop et est trop sage pour nous soulager des poids dont nous avons besoin pour rendre notre croissance saine et vigoureuse. Nous devrions apprendre de Dieu et aider comme il aide, sans trop aider.

CHAPITRE XVI.

LE SEUL.

"Avant le tort monstrueux, il le dépose -
Un homme contre une ville de péché aux murs de pierre. * * * * * *
Lorsque la poussière rouge s'est dissipée, le soldat solitaire se tient avec
d'étranges pensées sous les étoiles amies." — ER SILL.

Il y a un très grand nombre de personnes dans ce monde – des centaines de millions, les tableaux de population se redressent. Pourtant, dans un sens, chacun de nous est le seul. Chaque vie individuelle a ses propres relations dans lesquelles elle doit se trouver seule et dans lesquelles aucune autre vie ne peut entrer. Les camaraderies peuvent être étroites et peuvent apporter beaucoup de réconfort et d'inspiration, mais dans tout le sens intérieur de la vie, chaque individu vit séparé et seul. Personne ne peut vivre votre vie à votre place. Personne d'autre que vous-même ne peut répondre à vos questions, assumer vos responsabilités, prendre vos décisions et faire vos choix. Personne d'autre que vous-même ne peut accomplir vos relations avec Dieu. Personne ne peut croire à votre place. Des milliers d'amis peuvent vous entourer et prier pour votre âme, mais tant que vous n'élèverez pas votre cœur dans la prière, aucune communication ne sera établie entre vous et Dieu. Personne d'autre que vous-même ne peut obtenir le pardon de vos péchés. Personne ne peut obéir à Dieu à votre place. Personne d'autre ne peut accomplir votre œuvre pour Christ ou rendre compte au tribunal.

Dans le domaine de l'expérience, il en va de même. Chaque personne souffre seule, comme s'il n'y avait aucun autre être dans l'univers. Les amis peuvent nous soutenir dans nos heures de douleur ou de chagrin, et peuvent sympathiser avec nous ou nous apporter du réconfort ou du soulagement, mais ils n'entrent pas vraiment dans nos expériences. Dans ceux-ci, nous sommes seuls. Personne ne peut affronter vos tentations à votre place, ni mener vos batailles, ni endurer vos épreuves. L'amitié la plus tendre, l'amour le plus saint ne peuvent entrer dans la solitude dans laquelle chacun de nous vit séparé.

"Il y a toujours dans chaque cœur un
mensonge profond caché, jamais sondé par ce qu'il y a de plus cher et de
meilleur."

Cette solitude de la vie devient parfois très réelle dans la conscience. Toutes les grandes âmes en font l'expérience lorsqu'elles s'élèvent au-dessus de la masse commune des hommes dans leurs pensées, leurs espoirs et leurs aspirations, comme les montagnes s'élèvent du niveau des vallées et des petites collines. Tous les grands dirigeants des hommes doivent souvent se tenir seuls, alors qu'ils avancent dans les rangs de leurs partisans. Les batailles pour la vérité et le progrès ont généralement été menées par des âmes solitaires. Élie, par exemple, dans une période de découragement et de découragement, a déclaré, comme partie du fardeau exceptionnel de sa vie, qu'il était le seul sur le terrain pour Dieu. Il en est ainsi à toutes les grandes époques ; Dieu appelle un homme pour le défendre. Comme le dit Robert Browning :

"Dans une vie exceptionnelle,
Quand les choses anciennes se terminent et que de nouvelles commencent,
Un grand homme solitaire vaut le monde. Dieu prend l'affaire en main À ce moment-là."

Mais l'expérience n'est pas seulement celle des grandes âmes ; Il arrive des moments dans la vie de tous ceux qui vivent fidèlement et dignement où ils doivent se tenir seuls pour Dieu, sans compagnie, peut-être sans sympathie ni encouragement. Voici un jeune, le seul de sa famille à avoir confessé le Christ. Il le prend comme son Sauveur , puis se lève devant le monde et fait le vœu de lui appartenir et de le suivre. Il rentre chez lui. Les membres du cercle familial lui sont très chers ; mais aucun d'eux n'est chrétien, et il doit se tenir seul parmi eux pour Christ. Peut-être s'opposent-ils à son statut de disciple – à des degrés divers, c'est souvent l'expérience. Peut-être sont-ils simplement indifférents, ne s'opposant pas, observant simplement sa vie pour voir si elle est cohérente. Mais dans tous les cas, il doit défendre le Christ seul, sans l'aide de la compagnie.

Ou bien c'est peut-être à l'atelier ou à l'école que le jeune chrétien doit se tenir seul. Il revient de la table du Seigneur à ses devoirs hebdomadaires, plein de nobles impulsions, mais se retrouve le seul chrétien là où son devoir le mène. Ses compagnons sont prêts à se moquer, et ils le pointent du doigt avec mépris, avec des épithètes irritantes. Ou même ils le persécutent de manière mesquine. Au moins, ils ne sont pas les amis du Christ, et lui, en tant que disciple du Maître, ne trouve aucune sympathie parmi eux dans sa nouvelle vie. Il doit rester seul dans sa condition de disciple, conscient tout le temps que des yeux hostiles sont fixés sur lui. Beaucoup de chrétiens, jeunes ou plus âgés, trouvent très difficile d'être le seul à défendre le Christ dans le cercle dans lequel son travail quotidien fixe sa place.

Cette solitude nous impose une grande responsabilité. Par exemple, vous êtes le seul chrétien chez vous. Vous êtes le seul témoin que le Christ a dans votre maison, le seul par qui révéler son amour, sa grâce, sa sainteté. Vous êtes le seul à représenter le Christ dans votre famille, à y montrer la beauté du Christ, la douceur et la douceur du Christ, à y faire les œuvres du Christ, les choses qu'il ferait s'il vivait dans votre maison. Peut-être que le salut de toutes les âmes de votre famille dépend de votre fidélité à votre place. Si vous faiblissez dans votre loyauté, si vous manquez à votre devoir, vos proches risquent d'être perdus et la faute en reviendra à vous ; leur sang retombera sur toi.

De la même manière, si vous êtes le seul chrétien dans le magasin, le magasin ou le bureau où vous travaillez, une responsabilité particulière repose sur vous, une responsabilité que personne d'autre ne partage avec vous. Vous êtes le seul témoin du Christ à votre place. Si vous ne témoignez pas là pour lui, personne d'autre ne le fera. Miss Havergal raconte son expérience à l'école de filles de Düsseldorf. Elle y est allée peu de temps après être devenue chrétienne et avoir confessé le Christ. Son cœur était très chaud d'amour pour son Sauveur et elle avait hâte de parler en sa faveur. Mais à sa grande surprise, elle apprit bientôt que parmi la centaine de filles de l'école, elle était la seule chrétienne. Sa première pensée fut une consternation : elle ne pouvait pas confesser Christ dans cette grande compagnie de compagnons mondains et non chrétiens. Son cœur doux et sensible reculait devant un devoir si dur. Mais sa deuxième pensée était qu'elle ne pouvait s'empêcher de confesser le Christ. Elle était la seule que Christ avait là et elle devait être fidèle. "C'était très vivifiant", écrit-elle. " J'ai senti que je devais essayer de marcher d'une manière digne de mon appel pour l'amour du Christ. Cela m'a apporté un nouveau et fort désir de témoigner de mon Maître. Cela m'a rendu plus vigilant et sérieux que jamais auparavant, car je savais que tout écart de parole ou cet acte jetterait le discrédit sur mon Maître. Elle réalise qu'elle a une mission dans cette école, qu'elle y est le témoin du Christ, son seul témoin, et qu'elle n'ose pas échouer.

Ce même sens de responsabilité repose sur tout chrétien réfléchi qui est appelé à être le seul témoin du Christ dans un lieu donné : dans une maison, dans une communauté, dans un magasin, une école, un magasin ou un cercle social. Il est le seul serviteur de Christ là-bas, et il n'ose pas être infidèle, sinon toute l'œuvre de Christ dans ce lieu pourrait échouer. Il est la seule lumière qui doit briller là pour son Maître, et si sa lumière est cachée, les ténèbres ne seront pas soulagées. Il y a donc une inspiration particulière dans cette conscience d'être le seul que Christ possède à un certain endroit.

Il y a un sens dans lequel cela est également vrai pour chacun d'entre nous, à tout moment. En réalité, nous sommes toujours les seuls que Christ possède à l'endroit particulier où nous nous trouvons. Il y a peut-être des milliers d'autres vies autour de nous. Nous pouvons être seulement l'un d'un grand groupe, d'une grande congrégation, d'une communauté peuplée. Pourtant chacun de nous a une vie seul dans sa responsabilité, dans son danger, dans sa mission et son devoir. Il peut y en avoir une centaine d'autres à mes côtés, mais aucun d'eux ne peut prendre ma place, ni accomplir mon devoir, ni remplir ma mission, ni assumer ma responsabilité. Même si chacun des cent autres fait son travail et le fait parfaitement, mon travail m'attend, et si je ne le fais pas, il ne sera jamais fait.

Nous pouvons comprendre que si le grand prophète avait laissé tomber Dieu ce jour-là alors qu'il était le seul à le défendre, les conséquences auraient été des plus désastreuses ; la cause de Dieu aurait souffert irrémédiablement. Mais sommes-nous sûrs que la calamité pour le royaume de Christ serait moindre si l'un de nous devait faire défaut à Dieu dans son humble place, un jour ordinaire ?

On raconte l'histoire d'un enfant trouvant une petite fuite dans la digue qui ferme la mer de la Hollande, et la bouchant avec sa main jusqu'à ce que les secours puissent arriver, restant là toute la nuit, retenant les inondations avec sa petite main. Ce n'était qu'un petit ruisseau qu'il retenait ; mais s'il ne l'avait pas fait, cela serait vite devenu un torrent et, avant le matin, la mer aurait balayé la terre, submergeant les champs, les maisons et les villes. Entre la mer et toute cette dévastation, il n'y avait qu'une main d'enfant. Si l'enfant avait échoué, les inondations auraient provoqué leur destruction impitoyable. Nous comprenons combien il était important que ce garçon soit fidèle à son devoir, puisqu'il était le seul que Dieu avait cette nuit-là pour sauver la Hollande.

Mais savez-vous que votre vie peut ne pas tenir un jour, et être tout ce qui se passe, entre un grand flot de ruine morale et de vastes et beaux champs de beauté ? Savez-vous que votre échec dans votre humble place et votre devoir ne peut pas laisser entrer une mer de désastre qui emportera les espoirs, les joies et les âmes humaines ? Les plus humbles d'entre nous n'osent pas échouer, car notre seule vie est tout ce que Dieu possède au point où nous nous trouvons.

Cette vérité de la responsabilité personnelle est d'une importance capitale. On n'y échappe pas en étant dans une foule, dans une famille, dans une communauté. Personne d'autre que nous-mêmes ne peut vivre notre vie, faire notre travail, remplir nos obligations, supporter notre fardeau. Personne d'autre que nous-mêmes ne peut nous défendre devant Dieu pour rendre compte de nos actes. Au sens le plus profond et le plus réel, chacun de nous vit seul.

Il existe cependant une autre phase de ce sujet qu'il ne faut pas négliger. Même si nous devons être seuls à notre place et être fidèles à notre confiance, notre responsabilité ne s'étend qu'à notre propre devoir. D'autres que nous ont aussi leur part à faire, et la perfection de l'ensemble de l'œuvre dépend de leur fidélité aussi bien que de la nôtre. Le mieux que chacun d'entre nous puisse faire dans ce monde n'est qu'un fragment. Le vieux prophète pensait que son œuvre avait échoué parce que le Baalisme n'était pas encore entièrement détruit. Puis on lui parla de trois autres hommes qui viendraient après lui : deux rois, puis un autre prophète, qui chacun à leur tour feraient leur part, quand enfin la destruction de la grande idolâtrie étrangère serait complète. La fidélité d'Élie n'avait pas failli, mais sa réussite n'était qu'un fragment de l'œuvre entière.

C'est très suggestif et très réconfortant. Nous ne sommes pas responsables de terminer tout ce que nous commençons. Il se peut que ce soit notre rôle seulement de le commencer ; sa poursuite et son achèvement peuvent être l'œuvre d'autres personnes que nous ne connaissons pas, d'autres peut-être pas encore nées. Nous entrons tous dans le travail de ceux qui nous ont précédés, et d'autres qui nous suivront entreront à leur tour dans notre travail. Notre devoir est simplement de bien et fidèlement accomplir notre petite part. Si nous faisons cela, nous n'aurons jamais à nous inquiéter du rôle que nous ne pouvons pas accomplir. Ceci n'est pas du tout notre travail, mais appartient à un autre travailleur, attendant maintenant, peut-être, dans un endroit obscur, qui, au moment opportun, se présentera avec un cœur nouveau et une main habile , oint de Dieu pour sa tâche.

M. Sill illustre cette vérité dans l'un de ses poèmes, où, parlant des jeunes, « menés par le courage et l'espérance immortelle, et avec le matin dans le cœur », il dit :

"Ils donneront à la terre déçue
les vies que nous voulions vivre, belles, libres et fortes; la lumière que nous avons presque eue les rendra heureux; les mots que nous avons attendus longtemps couleront en musique de leur voix et de leur chant."

M. Whittier suggère également la même vérité :

"D'autres chanteront la chanson,
d'autres répareront le mal, termineront ce que j'ai commencé, et tout ce que j'échouerai sera gagné.

"Qu'importe, moi ou eux,
le mien ou celui d'un autre, pour que le mot juste soit dit et que la vie soit rendue plus douce ?"

Ainsi , pendant que nous sommes seuls face à notre responsabilité, nous n'avons besoin de penser à rien d'autre qu'à notre propre devoir, à notre propre petit fragment de l'œuvre du Seigneur. Les choses que nous ne pouvons pas faire, quelqu'un d'autre attend et se prépare maintenant à le faire après que le travail nous ait échappé. Il y a là un réconfort pour tous ceux qui échouent dans leurs efforts et doivent laisser inachevées les tâches qu'ils espéraient accomplir. La finition est la mission d'un autre.

CHAPITRE XVII.

Rapidité dans le devoir.

"La vie est une feuille de papier blanc,
sur laquelle chacun de nous peut écrire sa parole ou deux, et puis vient la nuit." —LOWELL.

Beaucoup de bonnes personnes sont très lentes. Ils font peut-être assez bien leur travail, mais si lentement qu'ils n'accomplissent en peu de temps qu'une fraction de ce qu'ils pourraient accomplir. Ils perdent, en flânant sans but, des heures entières d'or qu'ils devraient occuper par des activités rapides. Ils semblent n'avoir aucune véritable appréciation de la valeur du temps, ni de leur propre responsabilité pour ces moments précieux. Ils vivent peut-être consciencieusement, mais ils n'ont pas un sens du devoir fort et contraignant qui les pousse à des réalisations toujours plus grandes et plus complètes. Ils ont un travail à accomplir, mais rien ne les presse ; il y a suffisamment de temps pour le faire.

On peut affirmer sans risque de se tromper que la majorité des gens n'obtiennent pas dans leur vie la moitié des réalisations qui leur étaient possibles au début de leur vie, simplement parce qu'ils n'ont jamais appris à travailler rapidement et sous la pression de grandes motivations.

Il ne fait aucun doute que nous devons tirer le meilleur parti de notre vie. M. Longfellow a un jour donné comme devise à ses élèves : « Soyez à la hauteur du meilleur qui est en vous ». Pour ce faire, nous devons non seulement développer nos talents au maximum de la puissance et de la capacité dont ils sont susceptibles, mais nous devons également utiliser ces talents pour accomplir les résultats les plus vastes et les meilleurs qu'ils sont capables de produire. Pour atteindre cet objectif, nous ne devons jamais perdre un jour, ni même une heure, et nous devons mettre dans chaque jour et dans chaque heure tout ce qui est possible d'activité et d'utilité.

Rêver pendant des jours et des années, aussi brillamment que l'on puisse rêver, ne pourra jamais satisfaire aux exigences de la responsabilité qui est essentiellement inhérente à chaque âme qui naît dans le monde. La vie signifie devoir, labeur, travail. Il y a quelque chose divinement attribué à chaque heure, et l'heure où l'on flâne reste à jamais un vide vide. Nous ne pouvons idéalement remplir notre mission qu'en vivant toujours le meilleur de ce qui est en nous et en faisant chaque jour le maximum de ce que nous pouvons faire.

"Alors voilà, un autre jour bleu s'est levé ;
Réfléchis, le laisseras-tu s'échapper inutilement ? De l'éternité, ce nouveau
jour est né ; Dans l'éternité, la nuit reviendra."

Nous nous tournons vers notre Seigneur par exemple, puisque sa vie fut l'unique dans tous les âges qui atteignit la pensée divine et remplit le modèle divin ; et partout où nous le voyons, nous le trouvons déterminé à faire la volonté de son Père, sans perdre un instant ni s'attarder sur aucune tâche. Nous le voyons se précipiter sans cesse d'un endroit à l'autre, de ministère en ministère, du baptême à la tentation, de l'enseignement à la guérison, de l'accomplissement de miracles à la prière solitaire. Ses pieds ne traînaient jamais. Il n'a pas perdu un instant ; il semble en effet avoir concentré le travail commun de plusieurs années en quelques heures courtes et intenses. Il nous est peint comme un homme continuellement soumis à la plus forte pression, avec un travail à accomplir qu'il était désireux d'accomplir dans les plus brefs délais. Il était toujours calme, jamais nerveux, mais se déplaçait toujours tranquillement avec une énergie irrésistible dans sa sainte mission.

Nous devons saisir l'esprit de notre Maître dans cette célérité dans les affaires du Père. Le temps presse et le devoir est grand. Il n'y a pas un instant à perdre si, dans le temps qui nous est imparti, nous voulons achever le travail qui nous est confié. Nous devons faire entrer « directement » notre Seigneur dans notre vie, afin que nous puissions nous hâter d'un devoir à l'autre, sans pause ni oisiveté. Nous devons avoir dans notre cœur la conscience d'être toujours aux commandes du Maître, ce qui sera en nous une puissante contrainte, nous poussant toujours au devoir.

Naturellement, nous sommes indolents et friands de facilité et d'auto-indulgence . Nous avons besoin d'être portés hors de nous-mêmes et au-delà de nous-mêmes. Il n'y a pas de motif assez fort pour faire cela si ce n'est l'amour envers Dieu et envers nos semblables. L'amour suprême envers Dieu nous donne envie de faire avec empressement tout ce qu'il commande. L'amour envers nos semblables nous pousse à tout service de sympathie et de bienfaisance à leur égard, quel qu'en soit le prix. Contraints par de telles motivations, nous ne serons jamais à la traîne dans notre devoir.

La rapidité ou la lenteur du travail est avant tout une question d'habitude. Comme on est formé dès le début de la vie, on est sûr de continuer dans ses années de maturité. Un enfant qui flâne deviendra un homme ou une femme qui flâne. L'habitude grandit, comme toutes les habitudes.

"Perdez cette journée en flânant, ce sera la même histoire
demain, et la suivante plus dilatoire ; l'indécision entraîne ses propres
retards, et les jours sont perdus, se lamentant sur les jours perdus.

"Etes-vous sérieux ? Saisissez ce moment précis.
Ce que vous pouvez faire et pensez pouvoir le faire, commencez-le.
L'audace a du génie, du pouvoir, de la magie en elle. Engagez-vous
seulement, et alors l'esprit s'échauffe ; commencez-le et le travail sera
achevé."

De nombreuses personnes perdent au total des années entières de leur vie
faute de système. Ils ne font aucun plan pour leurs journées. Ils laissent les
devoirs se mêler dans une inextricable confusion. Ils sont toujours dans une
hâte fiévreuse. Ils parlent continuellement d'être submergés de travail, de la
grande pression qui s'exerce sur eux, d'être poussés au-delà de toute mesure.
Ils ont toujours l'air d'hommes qui ont à peine le temps de manger ou de
dormir. Et il n'y a rien de feint dans toute leur intense occupation. Ce sont
vraiment des hommes pressés. Pourtant, en fin de compte, ils ne font pas
grand-chose en comparaison de leur grande activité, car ils travaillent sans
ordre, et toujours avec fébrilité et nervosité. La rapidité d'accomplissement
est toujours calme et tranquille. Il planifie bien et ne souffre d'aucune
confusion dans les tâches. La hâte est toujours une précipitation précipitée,
qui ne sert à rien. « Sans hâte mais sans repos » est la devise d'une réussite
rapide et abondante.

" ' Sans hâte ! sans repos !'
Lie la devise à ton sein ; Porte-la avec toi comme un sort ; Tempête ou
soleil, garde-la bien ; Ne fais pas attention aux fleurs qui fleurissent autour
de toi, Portez-la jusqu'au tombeau.

"Ne te dépêche pas ! Ne laisse aucun acte irréfléchi
gâcher la vitesse de l'esprit ; Réfléchis bien et connais le droit ; En avant
alors de toutes tes forces ; Ne te dépêche pas ; les années ne peuvent jamais
expier une action imprudente commise.

" Ne vous reposez pas ! La vie défile,
Faites et osez avant de mourir ; Quelque chose de puissant et de sublime
Laisse derrière toi pour conquérir le temps ; C'est glorieux de vivre pour
toujours Quand ces formes auront disparu.

" Ne te dépêche pas ! ne te repose pas ! attends calmement ;
supporte docilement la tempête du destin ; le devoir soit ton guide polaire ;
fais le bien quoi qu'il arrive. Ne te dépêche pas ! ne te repose pas ! Conflits
passés, Dieu couronnera enfin ton œuvre. "

Il y a une autre phase de la leçon. Ce n'est pas seulement la rapidité, mais
aussi la persévérance patiente à travers les jours et les années, qui est la
marque de la vraie vie. Il y a beaucoup de gens qui peuvent travailler sous
pression pendant un certain temps, mais qui se lassent peu à peu de la
monotonie et du relâchement de leur devoir, et finissent par échouer parce

qu'ils ne peuvent pas tenir jusqu'au bout. Il y a des gens qui commencent beaucoup de choses nobles, mais qui s'en lassent bientôt et les abandonnent de leurs mains. Ils peuvent passer pour des hommes brillants, des hommes même de génie, mais ils n'ont finalement pour biographie qu'un volume de fragments de chapitres, dont aucun n'est terminé. De tels hommes peuvent attirer beaucoup d'attention passagère, tandis que les travailleurs infatigables qui travaillent à leurs côtés ne reçoivent aucun éloge, aucune éloge ; mais dans les véritables récits de la vie, écrits en lignes fidèles dans le Livre de Dieu, ce sont ces derniers qui brilleront de la plus grande splendeur. Robert Browning exprime cette vérité de manière frappante dans l'un de ses poèmes :

"Maintenant, remarquez,
le maintien n'est pas une brillante démonstration de soi comme le fait de renverser ou même d'établir : cela nécessite beaucoup d'agitation ; et pourtant, aux yeux du vulgaire, le plus puissant du mythe est Hercule, qui substitue la sienne à l'épaule d'Atlas et soutient l'épaule d'Atlas. globe Une journée entière, et non l'Atlas passif et obscur qui le portait avant la naissance d'Hercule, et qui doit continuer à porter ce même fardeau quand Hercule transforme en cendres le sommet d'Œta. C'est l'étape de transition, le
tiraillement et la tension, qui hommes en grève : rester immobile est stupide. »

donc notre leçon. Il y a tellement de choses à faire dans les courtes journées que nous n'osons pas perdre un instant. La vie est tellement chargée de responsabilités que se moquer à tout moment est un péché. Même de la capture des minutes, les questions éternelles peuvent dépendre. Bien sûr, nous devons prendre le repos dont nous avons besoin pour maintenir nos vies en état de remplir notre devoir. Mais que dire de ces hommes et femmes forts qui ne font presque que se reposer ? Que dirons-nous de ceux qui ne vivent que pour s'amuser, qui dansent leurs nuits, puis dorment leurs jours, et se précipitent ainsi vers le tribunal, sans rien faire pour Dieu ni pour les hommes ? La vie est un devoir ; chaque instant a son propre devoir. Il n'y a pas de malversation aussi triste et aussi terrible dans ses conséquences que celle qui gaspille des années d'or dans l'oisiveté ou le plaisir, et laisse le devoir inachevé.

Ne devrions-nous pas chercher à remplir nos journées d'une vie plus sérieuse ? Ne devrions-nous pas apprendre à libérer le temps de l'indolence, du flânage, du manque de méthode, du gaspillage de moments précieux, de l'auto-indulgence, de l'impatience d'un labeur persistant, de tout ce qui diminue la réussite ? Ne devrions-nous pas apprendre à travailler rapidement pour notre Maître ?

« Vous devez vivre chaque jour au mieux de votre forme :
l'œuvre du monde est accomplie par quelques-uns ; Dieu demande qu'une
partie soit accomplie par vous.

"Dites souvent des années qui passent hors de vue :
'C'est la vie avec son trésor d'or : je l'aurai une fois, mais il ne vient plus.'

"Ayez un but et faites de votre mieux :
vous terminerez votre travail de l'autre côté, lorsque vous vous réveillerez à
son image, satisfait."

CHAPITRE XVIII.

LES OMBRES QUE NOUS PROJETONS.

"La plus petite barque sur l'océan tumultueux de la vie
laissera une trace pour toujours; la moindre vague d'influence mise en
mouvement s'étend et s'élargit jusqu'au rivage éternel."

Chacun de nous projette une ombre. Il plane autour de nous une sorte de pénombre, quelque chose d'étrange, d'indéfinissable, que nous appelons influence personnelle, et qui a son effet sur toute autre vie sur laquelle elle tombe. Il nous accompagne partout où nous allons. Ce n'est pas quelque chose que nous pouvons avoir quand nous le voulons, puis le mettre de côté quand nous le voulons, comme nous laissons de côté un vêtement. C'est quelque chose qui jaillit toujours de notre vie, comme la lumière d'une lampe, comme la chaleur d'une flamme, comme le parfum d'une fleur.

Personne ne peut vivre sans avoir d'influence. Elihu Burritt déclare : « Aucun être humain ne peut venir au monde sans augmenter ou diminuer la somme totale du bonheur humain, non seulement du présent, mais de chaque époque ultérieure de l'humanité. Personne ne peut se détacher de ce lien. point isolé de l'univers, aucune niche sombre le long du disque de la non-existence, où il puisse se retirer de ses relations avec les autres, où il puisse retirer l'influence de son existence sur la destinée morale du monde ; partout sa présence ou son absence se fera sentir, partout il aura des compagnons qui seront meilleurs ou pires par son influence. Ce sont des mots vrais. Être, c'est avoir une influence, soit pour le bien, soit pour le mal, sur d'autres vies.

Le ministère d'influence personnelle est quelque chose de très merveilleux. Sans en être conscient, nous impressionnons toujours les autres par cet étrange pouvoir qui sort de nous. Les autres nous regardent et leurs actions sont modifiées par les nôtres. De nombreuses vies ont commencé une carrière de beauté et de bénédiction sous l'influence d'un acte noble. Les disciples virent leur Maître prier et furent si impressionnés par son sérieux ou par le rayonnement qu'ils voyaient sur son visage, alors qu'il communiait avec son Père, que lorsqu'il les rejoignit de nouveau, ils lui demandèrent de leur apprendre à prier . Toute âme véritable est continuellement impressionnée par les aperçus qu'elle a de la beauté, de la sainteté ou de la noblesse chez les autres.

Un acte bienveillant inspire souvent de nombreuses gentillesses. Voici un article d'un journal de l'autre jour qui illustre cela. Un petit vendeur de journaux entra dans un wagon du train surélevé et, se glissant sur un siège transversal, s'endormit bientôt. Bientôt, deux jeunes dames entrèrent et prirent place en face de lui. Les pieds de l'enfant étaient nus, ses vêtements étaient en lambeaux et son visage était pincé et tiré, montrant des marques de faim et de souffrance. Les jeunes dames le remarquèrent et, voyant que sa joue reposait contre le dur rebord de la fenêtre, l'une d'elles se leva et, levant doucement la tête, y glissa son manchon en guise d'oreiller.

Cet acte bienveillant a été observé et marque désormais son influence. Un vieux monsieur assis à côté, sans un mot, tendit une pièce d'argent à la jeune femme, en hochant la tête vers le garçon. Après un moment d'hésitation, elle l'a pris, et ce faisant, un autre homme lui a tendu un sou, une femme de l'autre côté de l'allée lui a tendu quelques sous, et presque avant que la jeune femme ne réalise ce qu'elle faisait, elle prenait une collection pour le pauvre garçon. Ainsi, d'un seul petit acte était sortie une vague d'influence touchant le cœur de deux dizaines de personnes et conduisant chacune d'elles à faire quelque chose.

La vie commune regorge de telles illustrations de l'influence des bonnes actions. Toute bonne vie laisse dans le monde un double ministère, celui des choses qu'elle fait directement pour bénir les autres, et celui de l'influence silencieuse qu'elle exerce, par laquelle les autres deviennent meilleurs ou sont inspirés à faire de bonnes choses.

L'influence est aussi quelque chose que même la mort ne met pas fin. Lorsque la vie terrestre prend fin, le travail actif d'un homme bon cesse. Il manque dans les lieux où sa présence familière a apporté des bénédictions. Ses paroles ne sont plus entendues par ceux qui ont souvent été acclamés ou réconfortés par elles. Ses bienfaits ne parviennent plus aux foyers dans le besoin où tant de fois ils ont apporté du secours. Sa douce amitié n'apporte plus force, espoir et courage aux cœurs qui ont appris à l'aimer. La mort d'un homme bon, au milieu de son utilité, coupe un ministère béni d'utilité dans le cercle dans lequel il a habité. Mais son influence perdure. Longfellow écrit :

"La vie et la mort sont semblables
Quand la vie dans la mort survit, Et le souffle ininterrompu Inspire mille vies.

"Si une étoile s'éteignait en haut,
Pendant des siècles sa lumière, Voyageant toujours vers le bas depuis le ciel, Brillerait sur notre vue mortelle.

" Ainsi, quand un grand homme meurt,
pendant des années au-delà de notre connaissance, la lumière qu'il laisse derrière lui repose sur les chemins des hommes. "

L'influence que nos morts ont sur nous est souvent très grande. Nous pensons les avoir perdus quand nous ne voyons plus leurs visages, n'entendons plus leurs voix, et ne recevons plus de leurs mains les bontés accoutumées. Mais dans de nombreux cas , il ne fait aucun doute que ce que nos proches font pour nous après leur départ est tout aussi important que ce qu'ils auraient pu faire pour nous s'ils étaient restés avec nous. Le souvenir de belles vies est une bénédiction, adoucie et rendue plus riche et impressionnante par la douleur qu'a provoqué leur départ. L'influence de ces souvenirs sacrés est en un certain sens plus tendre que celle de la vie elle-même. La mort transfigure en quelque sorte notre bien-aimé, balayant les défauts et les imperfections de la vie mortelle et nous laissant une vision permanente, dans laquelle tout ce qui était beau, pur, doux et vrai en lui nous reste. Nous perdons souvent des amis dans les compétitions et les conflits de la vie terrestre, que nous aurions gardés pour toujours si la mort les avait emportés dans les premiers jours où l'amour était fort. C'est souvent vrai, comme l'écrit le cardinal Newman :

"Celui qui meurt vit pour nous ; celui qui vit est perdu."

Ainsi , même la mort n'éteint pas l'influence d'une bonne vie. Il continue de bénir les autres longtemps après que la vie ait quitté la terre. C'est vrai, comme l'écrit Mme Sangster :

"Ils ne nous quittent jamais vraiment, nos amis qui ont traversé
les ombres de la mort jusqu'à la lumière du soleil au-dessus ; Mille doux
souvenirs les retiennent fermement vers les endroits qu'ils ont bénis de leur
présence et de leur amour.

"L'ouvrage qu'ils ont laissé et les livres qu'ils ont lus
Parlent en silence, quoique toujours avec une éloquence rare, Et les
chansons qu'ils ont chantées et les paroles chères qu'ils ont dites S'attardent
et soupirent dans l'air désolé.

"Et souvent, quand nous sommes seuls, et souvent dans la foule,
ou lorsque le mal nous séduit, ou que le péché approche ,
un murmure vient doucement : 'Non, ne faites pas de mal', et nous sentons
que notre faiblesse est prise en pitié en haut."

Il ne faut pas oublier que toute influence n'est pas bonne. Les mauvaises actions ont aussi une influence. Les méchants hommes vivent aussi après leur départ. S'écria un mourant dont la vie avait été pleine de mal envers autrui : « Rassemblez mon influence et enterrez-la avec moi dans ma tombe. » Mais ce souhait frénétique et plein de remords fut vain. L'homme a quitté le monde, mais son influence est restée derrière lui, son poison agissant pendant des siècles dans la vie des autres.

Nous devons donc protéger notre influence avec le plus grand soin. C'est un crime de jeter dans la rue un vêtement infecté qui peut transmettre la contagion aux domiciles des hommes. C'est un crime pire que d'envoyer une page imprimée contenant des mots infectés par le virus de la mort morale. Les hommes qui préparent et publient la littérature vile qui circule aujourd'hui partout, polluant et souillant des vies innocentes, auront un récit effrayant à rendre lorsqu'ils se tiendront à la barre de Dieu pour affronter leur influence. Si nous voulons rendre notre vie digne de Dieu et être une bénédiction pour le monde, nous devons veiller à ce que rien de ce que nous faisons n'influence les autres, le moins du monde, dans le mal.

Dans les premiers temps de l'art américain, un jeune artiste de génie et au cœur pur partit de ce pays pour Londres. Il était pauvre, mais aspirait à une vie noble ainsi qu'à une belle peinture. Parmi ses tableaux, il y en avait un qui en soi était pur, mais qui pouvait être interprété de manière mauvaise par un esprit sensuel. Un amateur d'art a vu ce tableau et l'a acheté. Mais une fois disparu, le jeune artiste commença à penser à son éventuelle influence néfaste sur les faibles, et sa conscience le troubla. Il s'est rendu chez son patron et lui a dit : « Je suis venu racheter mon tableau. » L'acheteur ne pouvait pas le comprendre. "Je ne t'ai pas payé assez pour ça ? As-tu besoin d'argent ?" Il a demandé. "Je suis pauvre", répondit l'artiste, "mais mon art, c'est ma vie. Sa mission doit être bonne. L'influence de ce tableau peut éventuellement être nuisible. Je ne peux pas en être heureux aux yeux du monde. Il doit être retiré."

Nous devons surveiller non seulement nos paroles et nos actes dans leur intention et leur but, mais aussi leur influence possible sur les autres. Il peut y avoir des libertés qui, chez nous, ne comportent aucun danger, mais qui, pour d'autres, ayant un caractère moins stable et un environnement moins favorable, seraient pleines de périls. Cela fait partie de notre devoir de penser à ces plus faibles et à l'influence de notre exemple sur eux. Nous ne pouvons rien faire, dans notre force et notre sécurité, qui puisse nuire à autrui. Nous devons être prêts à sacrifier notre liberté si, par son exercice, nous mettons en danger l'âme d'autrui. C'est l'enseignement de saint Paul dans ces paroles : « Il est bon de ne pas manger de viande, ni de boire du vin, et de ne rien faire qui puisse trébucher ton frère » ; et "Si la viande fait trébucher mon frère, je ne mangerai plus de chair à jamais, afin de ne pas faire trébucher mon frère."

Comment s'assurer d'une influence qui ne soit qu'une bénédiction ? Il n'y a pas d'autre moyen qu'en rendant notre vie pure et bonne. C'est précisément dans la mesure où nous sommes remplis de l'Esprit de Dieu et avons l'amour du Christ en nous que notre influence sera sainte et une bénédiction pour le monde.

CHAPITRE XIX.

LE SIGNIFICATION DES OPPORTUNITÉS.

"'Aujourd'hui', sans tache, vient à toi - nouveau
-né, Demain n'est pas à toi ; Le soleil peut cesser de briller Pour toi, avant
que la terre salue son matin.

« Soyez donc sérieux dans vos pensées et vos actes,
et ne craignez pas l'approche de la nuit ; le calme vient avec la lumière du
soir, ainsi que l'espoir et la paix. Votre devoir est de tenir compte
d'aujourd'hui. » - RUSKIN.

Si les premières pensées des gens étaient aussi bonnes et sages que leurs
pensées ultérieures, la vie serait meilleure et plus belle qu'elle ne l'est. Nous
pouvons tous voir nos erreurs plus clairement après les avoir commises
qu'auparavant. On entend fréquemment des personnes exprimer le souhait
de pouvoir revivre une certaine période de leur vie, disant qu'elles la vivraient
différemment, qu'elles ne répéteraient pas les erreurs ou les folies qui avaient
tant entaché et entaché le disque qu'elles avaient fait.

Bien sûr, le souhait d'avoir une seconde chance avec une période passée est
tout à fait vain. Il ne fait aucun doute qu'il y a souvent de nombreuses raisons
de honte et de douleur dans nos rétrospections . Nous vivons assez mal au
mieux, même les plus saints d'entre nous, et beaucoup d'entre nous font
certainement un triste travail de notre vie. La vie humaine doit paraître très
pathétique et souvent tragique, tant les anges la méprisent. Il y a presque
infiniment moins d'épaves sur la grande mer où vont les navires que sur cette
autre mer dont parlent les poètes, où les vies avec leur chargement d'espoirs
et de possibilités immortels naviguent vers leur destinée. On parle parfois
avec émerveillement de ce que contient l'océan, des trésors enfouis au plus
profond des vagues. Mais qui pourra parler des trésors cachés dans la mer
plus profonde et plus sombre de la vie humaine, où ils ont disparu dans les
tristes heures de la défaite et de l'échec ?

"Dans les profondeurs obscures et vertes pourrissent les navires chargés de
lingots,
tandis que les doublons d'or, tombés de la main noyée, se nichent dans la
cloche des fleurs de l'océan, avec les anneaux sertis de pierres précieuses
autrefois embrassés par des lèvres maintenant mortes ; et autour d'une
coupe en or forgé le les herbiers fouettent, Et cachent les perles perdues,
près des perles encore dans leur coquille Où les forêts d'algues remplissent
chaque vallon océanique, Et cherchent la faible lumière du soleil avec leurs
innombrables pointes.

" Ainsi gisent les cadeaux gaspillés, les espoirs perdus depuis longtemps,
Sous la surface désormais silencieuse de moi-même. Dans des profondeurs
plus solitaires que là où la rivière tâtonne, Ils gisent profondément,
profondément ; mais je vois parfois, Dans des aperçus douteux, sur quelque
plateau récifal . ,
L'éclat de l'or irrécupérable.

Nous pouvons avoir un aperçu de ces choses perdues – de ces trésors
dilapidés, de ces possibilités gâchées, de ces perles et de ces joyaux de la vie
qui se sont engouffrés dans la mer de notre passé – lorsque les récifs sont
laissés à nu par les marées refluentes, mais nous ne pouvons qu'avoir un
aperçu de ces choses perdues. voir. Nous ne pouvons pas récupérer nos
trésors. Les lueurs ne font que se moquer de nous. Le passé ne rendra pas
son or et ses perles à nos appels frénétiques.

Il y a quelque chose de vraiment surprenant dans ce caractère irréparable du
passé, dans ce caractère irrévocable des pertes que nous avons subies à cause
de nos folies ou de nos péchés. Il y a environ deux siècles, un grand cadran
solaire fut érigé au All Souls' College, à Oxford, en Angleterre, le cadran le
plus grand et le plus noble, dit-on, de tout le royaume. Sur la longue aiguille
étaient écrits, en grosses lettres d'or, les mots latins, désignant les heures : «
Pereunt et imputantur ». Littéralement, le sens est : « Ils périssent et sont mis à
notre compte » ; ou, comme ils ont été rendus en une phrase plus concise : «
Ils sont gaspillés et s'ajoutent à notre dette.

On dit que ces mots sur le cadran ont exercé une merveilleuse influence sur
l'enfance de nombreux hommes distingués qui ont reçu leur formation à
Oxford, les incitant à l'utilisation la plus consciencieuse des heures d'or au fil
de leur passage et portant leurs fruits dans longue vie de sérieux et de fidélité.
C'est une leçon que chaque jeune devrait apprendre. Dans la jeunesse, les
heures sont pleines de privilèges. Ils viennent comme des anges, tenant dans
leurs mains de riches trésors, envoyés de Dieu, qu'ils nous offrent ; et si nous
sommes à la traîne ou indolents, ou si nous sommes trop préoccupés par nos
petites bagatelles pour accueillir ces messagers célestes avec leurs dons
célestes, ils disparaissent rapidement et s'en vont. Et ils ne reviennent jamais
pour renouveler l'offre.

Sur le cadran d'une pendule du palais de Napoléon à Malmaison, le fabricant
a inscrit les mots : « *Non nescit reverti* " ; " Elle ne sait pas comment revenir en
arrière. " Il en est ainsi de la grande horloge du Temps : elle ne peut jamais
revenir en arrière. Les moments ne nous viennent qu'une seule fois ; quoi que
nous en fassions, nous devons le faire à mesure qu'ils passent. , car ils ne
reviendront plus jamais vers nous.

Alors le privilège engendre la responsabilité. Il nous faudra rendre compte à
Dieu de tout ce qu'il nous envoie par les mains mystiques des heures qui

passent, et que nous refusons ou négligeons de recevoir. "Ils sont gaspillés et s'ajoutent à notre dette."

Le vrai problème de la vie est donc de savoir comment prendre ce que les heures apportent. Celui qui fait cela vivra noblement et fidèlement et réalisera le plan de Dieu pour sa vie. La différence entre les hommes ne réside pas dans les opportunités qui se présentent à eux, mais dans la façon dont ils utilisent ces opportunités. De nombreuses personnes qui ne parviennent pas à tirer le meilleur parti de leur vie imputent leur échec au manque d'opportunités. Ils regardent celui qui fait continuellement de bonnes et belles choses, ou de grandes et nobles choses, et pensent qu'il est particulièrement favorisé, que les chances qui lui viennent pour de telles choses sont exceptionnelles. Mais en réalité, c'est dans sa capacité à voir et à accepter ce que les heures apportent de devoir ou de privilège que réside son succès. Là où les autres hommes ne voient rien, il voit une bataille à mener, un devoir à accomplir, un service à rendre ou un honneur à gagner. Beaucoup d'hommes attendent longtemps les opportunités, se demandant pourquoi elles ne se présentent jamais à eux, alors qu'en réalité elles passent à côté de lui jour après jour, méconnues et non acceptées.

Il existe une légende selon laquelle un artiste aurait longtemps cherché un morceau de bois de santal pour sculpter une Madone. Finalement , il était sur le point d'abandonner, désespéré, laissant la vision de sa vie irréalisée, lorsque, dans un rêve, on lui demanda de façonner la figure à partir d'un bloc de bois de chêne destiné au feu. Obéissant à l'ordre, il fabriqua à partir d'une bûche de bois de chauffage commun un chef-d'œuvre.

De la même manière, beaucoup de gens attendent de grandes et brillantes occasions de faire les bonnes choses, les belles choses dont ils rêvent, tandis que, dans les jours simples et ordinaires, les occasions mêmes dont ils ont besoin pour de telles actions se trouvent à proximité d'eux, dans le événements passagers les plus simples et les plus familiers, et dans les circonstances les plus familiales. Ils attendent de trouver du bois de santal dans lequel sculpter des Madones , tandis que des Madones bien plus belles qu'ils n'en rêvent sont cachées dans les rondins de chêne qu'ils brûlent dans leur foyer ouvert, ou qu'ils rejettent les pieds dans le bois. cour.

Les opportunités se présentent à tous. Les jours de chaque vie en sont pleins. Mais le problème, chez beaucoup d'entre nous, c'est que nous n'en tirons rien tant que nous les avons. Puis l'instant d'après, ils sont partis. Un homme traverse sa vie en soupirant à la recherche d'opportunités. Si seulement il avait tel ou tel don, ou place, ou position, il ferait de grandes choses, dit-il ; mais avec ses moyens, ses faibles chances, ses maigres privilèges, ses circonstances peu propices, ses limites, il ne peut rien faire de digne de lui. Alors un autre homme se rapproche de lui, avec les mêmes moyens, chances, circonstances, privilèges, et il obtient de nobles résultats, accomplit des choses héroïques, gagne pour lui-même honneur et renommée. Le secret est dans l'homme et non dans son environnement. M. Sill l'exprime bien dans ses lignes :

« Ceci, je l'ai vu, ou je l'ai rêvé dans un rêve :
Un nuage de poussière s'étendait le long d'une plaine ; et sous le nuage, ou à l'intérieur, faisait rage Une bataille furieuse, et les hommes criaient, et les épées choquaient les épées et les boucliers. La bannière
vacilla, puis chancela en arrière, cernée par les ennemis.
Un lâche pendait au bord de la bataille, et pensa : « Si j'avais une épée d'un acier plus tranchant, cette lame bleue que porte le fils du roi, mais cette chose contondante. » Il claqua et Il le jeta de sa main,
et s'éloigna en rampant et quitta le champ. Puis le fils du roi arriva, blessé, endolori, et sans arme, et vit l'épée brisée, la poignée enfouie dans le sable sec et foulé, et courut l'arracher, et avec un cri de bataille levé de nouveau, il abattit son ennemi, et sauva une grande cause en ce jour héroïque.

Avec l'épée émoussée, maintenant brisée, que le lâche avait jetée comme impropre à l'usage, la main princière remporta sa grande victoire. La vie est pleine d'illustrations de cette même expérience. Les matériaux de la vie qu'un homme a méprisés et rejetés comme étant indignes de lui, parce qu'ils ne contenaient aucun secret de réussite, un autre homme les ramasse sans cesse de la poussière et obtient avec eux de nobles et brillants succès. On recherche des hommes alertes et désireux, des hommes au cœur héroïque et à la main princière, pour voir et utiliser les opportunités qui se présentent partout dans la vie la plus banale.

Il n'y a qu'une chose à faire pour extraire de la vie toutes ses possibilités d'accomplissement et de réussite ; nous devons nous entraîner à prendre ce que chaque instant nous apporte de privilège et de devoir. Certaines personnes s'inquiètent du vague émerveillement quant à ce que le plan divin dans la vie est pour eux. Ils ont le sentiment que Dieu avait un but précis en les créant et qu'il veut qu'ils fassent quelque chose dans ce monde, et ils aimeraient savoir comment ils peuvent apprendre cette pensée divine pour leur vie. La réponse est vraiment très simple. Dieu est prêt à nous révéler, avec une précision infaillible, son plan pour notre vie. Cette révélation, il la fait au fur et à mesure, nous montrant à chaque instant un petit fragment de son dessein. Faber dit : « La méthode la plus sûre pour parvenir à la connaissance des desseins éternels de Dieu à notre sujet consiste à utiliser correctement le moment présent. Chaque heure vient avec un petit fagot de la volonté de Dieu attaché sur son dos. »

Nous n'avons donc rien à voir avec autre chose que le privilège et le devoir de l'heure qui s'écoule actuellement. Cela rend le problème de la vie très simple . Nous n'avons pas besoin de considérer notre vie dans son ensemble, ni même de porter le fardeau d'une seule année ; si seulement nous saisissons bien la signification du petit fragment de temps immédiatement présent, et accomplissons instantanément tout le devoir et prenons tous les privilèges qu'apporte cette heure, nous ferons ainsi ce qui plaira le mieux à Dieu et bâtirons notre propre vie. dans la complétude. Cela ne devrait jamais être difficile pour nous de faire cela.

"Dieu a divisé nos années en heures et en jours, heure par heure
et jour après jour. En continuant juste un petit chemin, nous pourrons
peut-être tout au long rester assez forts. Si tout le poids de la vie était posé
sur nos épaules, et que le l'avenir, en proie au malheur et à la lutte, nous
rencontre face à face En un seul endroit, Nous ne pourrions pas aller, Nos
pieds s'arrêteraient ; et ainsi Dieu s'appuie un peu sur nous chaque jour, Et
jamais, je crois, sur tout le chemin. Les fardeaux portent si profondément,
Ou les sentiers sont si menaçants et si escarpés, Mais nous pouvons y aller,
si par la puissance de Dieu Nous supportons seulement le fardeau de
l'heure.

En vivant ainsi, nous rendrons chaque heure rayonnante du rayonnement du devoir bien accompli, et les heures rayonnantes feront des années rayonnantes. Mais l'absence de privilèges et la négligence des devoirs laisseront des jours et des années gâchés et tachés et rendront la vie enfin comme un vêtement rongé par les mites. Nous devons saisir le sens sacré de nos opportunités si nous voulons donner le meilleur de nous-mêmes.

CHAPITRE XX.

LE PÉCHÉ D'INGRATITUDE.

"Le soleil peut briller sur la motte jusqu'à ce qu'elle soit chaude,
chaude pour que son pauvre soi sombre puisse vivre. Il frappe le diamant,
et oh, comme la gemme brille, se glaçant, irradiante, pour donner.

"L'âme silencieuse, qui prend mais ne rend plus,
Dans une gratitude éclatante, un sourire, une larme, Absorbe, ne rend
personne heureux et manque ainsi La plus pure et la meilleure joie de
l'amour." —PIERRE DE MARIE KA.

Une bénédiction donnée devrait toujours avoir un certain retour. Il vaut
mieux être un diamant éclairé pour briller, qu'une motte chauffée pour n'être
qu'une motte terne et sombre . Nous recevons tous d'innombrables faveurs,
mais nous n'obtenons pas tous un retour convenable.

Krummacher a une petite fable agréable avec une suggestion. Quand Zachée
était vieux , il habitait encore à Jéricho, humble et pieux devant Dieu et les
hommes. Chaque matin, au lever du soleil, il sortait se promener dans les
champs et revenait toujours l'esprit calme et heureux pour commencer sa
journée de travail. Sa femme se demandait où il allait lors de ses promenades,
mais il ne lui en parlait jamais. Un matin, elle le suivit secrètement. Il se dirigea
directement vers l'arbre d'où il vit pour la première fois le Seigneur. Se
cachant, elle l'observait pour voir ce qu'il allait faire. Il prit une cruche et,
portant de l'eau, il la versa sur les racines de l'arbre qui devenaient sèches à
cause du climat étouffant. Il a arraché quelques mauvaises herbes ici et là. Il
passa tendrement la main sur la vieille malle. Puis il leva les yeux vers l'endroit
parmi les branches où il s'était assis le jour où il avait vu Jésus pour la première
fois. Après cela, il se détourna et rentra chez lui avec un sourire de gratitude.
Sa femme reparla ensuite de la question et lui demanda pourquoi il prenait
tant soin du vieil arbre. Sa réponse tranquille fut : « C'est cet arbre qui m'a
amené à celui que mon âme aime. »

Il n'y a pas de vraie vie sans son mémorial sacré de bénédiction ou de bien
particulier. Il y a quelque chose qui parle de faveur, de délivrance, d'aide,
d'influence, d'enseignement, de grande bonté. Il y a un endroit, une
promenade tranquille, une pièce, un livre, un visage qui rappelle toujours de
doux souvenirs. Il y a quelque chose qui nous est précieux parce que d'une
certaine manière cela marque un lieu saint dans le chemin de la vie. La plupart
d'entre nous comprennent l'intérêt affectueux de Zachée pour son vieil arbre
et peuvent même croire que cette petite fantaisie est vraie. Dans quelle vie
n'y a-t-il aucun endroit qui reste toujours vert dans la mémoire, parce que
c'est là qu'une douce bénédiction a été reçue ?

Pourtant, nombreux sont ceux qui oublient leurs avantages. Il y a beaucoup d'ingratitude dans le monde. Ce n'est peut-être pas aussi universel que certains voudraient nous le faire croire. Il y en a sûrement beaucoup qui portent dans leur cœur, intact depuis de longues années, le souvenir des bienfaits et des gentillesses reçus de leurs amis, et qui ne cessent d'être reconnaissants et de manifester leur gratitude. Wordsworth a écrit :

"J'ai entendu parler de cœurs méchants,
de bonnes actions avec une froideur qui revient encore ; Hélas ! la gratitude
des hommes m'a laissé plus souvent en deuil."

Cependant, l'archidiacre Farrar, se référant à ces mots, dit : « Si Wordsworth considérait la gratitude comme une vertu commune, son expérience devait être exceptionnelle. » Il y a certainement des cœurs méchants qui rendent leur froideur pour de bonnes actions. Il y a des enfants qui oublient l'amour et les sacrifices de leurs parents et récompensent leurs innombrables bontés, non pas par une affection reconnaissante, de l'honneur, de l'obéissance, de la prévenance et du service, mais par du mépris, de l'indifférence, de la désobéissance, du déshonneur, parfois même par une négligence et une méchanceté honteuses. Il y a ceux qui reçoivent de l'aide d'amis d'innombrables manières, au fil des années, une aide qui leur apporte une grande aide dans la vie : promotion, avancement, amélioration du caractère, élargissement des privilèges et des opportunités, tendre bonté qui réchauffe, bénit et inspire le cœur. , et enrichit, affine et ennoblit la vie - qui pourtant semblent ne jamais reconnaître ou apprécier le bénéfice et le bien qu'ils reçoivent. Ils ne semblent ressentir aucune obligation, aucune gratitude. Ils ne font aucun retour d'amour pour tout le ministère d'amour. Ils le payent même par des plaintes, par des critiques, par de l'amertume. Nous avons tous connu des années de faveurs incessantes oubliées et leur mémoire effacée par un petit échec à répondre à une nouvelle demande d'aide. Nous savons tous que la haine maligne est le retour de longues périodes de gentillesse abondante.

L'ingratitude est un vol. Cela vole ceux à qui la gratitude est due, car c'est la rétention de ce qui leur revient justement. Si vous êtes bon envers un autre, n'est-il pas votre débiteur ? Si vous montrez des faveurs à un autre , ne vous doit-il pas des remerciements ? Il est vrai que vous ne demandez aucun retour, car l'amour ne travaille pas contre un salaire. Seul l'égoïsme exige le remboursement de l'aide apportée et est aigri par l'ingratitude. L'esprit du Christ continue de donner et de bénir, déversant son amour sans réserve, même si aucun acte, aucune parole ou aucun regard ne témoigne de gratitude.

"Si ton véritable service n'avait pas pour objectif de
dépasser l'éloge que les hommes accordent aux nobles sacrifices, il pourrait
y avoir de la honte que tu l'aies ainsi manqué.

"Mais non pas pour un gain égoïste ou une faible récompense,
as-tu travaillé ainsi à l'ombre et au soleil;
mais avec le sentiment conscient que pour ton Seigneur
ce travail fatigant a été fait.

"Il n'a demandé aucun remerciement, aucune reconnaissance proche,
aucune tendre acceptation de sa grâce, aucune larme de pitié d'un œil
réactif, aucun visage humain répondant.

"Faire la volonté de Dieu - cela suffisait au Christ,
au milieu des chagrins qui obscurcissent toutes les agonies. Cela te suffira -
cela a suffi, comme cela lui a suffi."

Pourtant, même si l'amour ne travaille pas pour un salaire et n'exige pas
d'équivalent pour ses services, il est gravement lésé lorsque les lèvres ingrates
restent muettes. La qualité de l'ingratitude ne change pas parce que l'amour
fidèle n'est pas figé dans le cœur par sa froideur. Nous devons au moins un
souvenir affectueux à celui qui nous a fait preuve de gentillesse, même si
aucun autre retour n'est possible, ou bien qu'un retour important ait déjà été
fait. Nous ne pouvons jamais être dispensés du devoir d'être reconnaissants.
« Nous ne devons rien d'autre à l'homme que de l'amour » est une parole
céleste. Nous devons toujours de l'amour ; c'est une dette que nous ne
pourrons jamais rembourser.

L'ingratitude est un vol. Mais c'est aussi de la cruauté que du vol. Cela fait
toujours mal au cœur qui doit le supporter. Peu de fautes ou d'injures causent
plus de douleur et de chagrin aux esprits tendres que l'ingratitude. La douleur
peut être supportée en silence. Les hommes n'en parlent pas aux autres,
encore moins à ceux à qui la négligence ou la froideur l'infligent ; pourtant ,
c'est comme des épines dans l'oreiller.

"Souffle, souffle, vent d'hiver ;
tu n'es pas aussi méchant que l'ingratitude de l'homme."

Les parents souffrent indiciblement lorsque les enfants pour lesquels ils ont
vécu, souffert et sacrifié se révèlent ingrats. L'enfant ingrat ne sait pas quelle
amère douleur il cause à la mère qui l'a enfanté et nourri, et au père qui l'aime
plus que sa propre vie ; comment leur cœur saigne ; comment ils pleurent en
secret sur sa méchanceté. Nous ne savons pas à quel point nous blessons nos
amis lorsque nous les traitons avec ingrat, en oubliant tout ce qu'ils ont fait
pour nous et en leur rendant leurs faveurs avec froideur.

Il y a encore plus de cette leçon. La gratitude, pour remplir son doux
ministère, doit trouver une expression appropriée. Il ne suffit pas qu'il soit
chéri dans le cœur. Il y a beaucoup de bonnes personnes qui échouent à ce
stade. Ils sont vraiment reconnaissants pour le bien que les autres leur font.
Ils se sentent assez bienveillants dans leur cœur envers leurs bienfaiteurs.

Peut-être parlent-ils à d'autres amis des gentillesses qu'ils ont reçues. Ils peuvent même le mettre dans leurs prières, en disant à Dieu comment ils ont été aidés par d'autres de ses enfants et en lui demandant de récompenser et de bénir ceux qui ont été bons avec eux. Mais en attendant, ils n'expriment en aucune manière leurs sentiments de reconnaissance envers les personnes qui leur ont rendu des services ou des offices d'amitié.

Comment votre ami sait-il que vous êtes reconnaissant, si vous ne lui dites pas que vous l'êtes ? En vérité, c'est une faute douloureuse de l'amour que de garder scellé dans le cœur le sentiment généreux, la tendre gratitude dont nous devrions parler, et qui donneraient tant de réconfort s'ils étaient exprimés à l'oreille qui devrait l'entendre. Aucun cœur humain pur, vrai et aimant ne peut jamais aller au-delà d'être fortifié et réchauffé à un service plus noble par des paroles d'appréciation honnêtes et sincères. La flatterie est méprisable ; seuls les esprits vains en sont ravis. Le manque de sincérité est une moquerie écoeurante ; l'âme sensible s'en détourne avec dégoût. Mais les paroles de véritable gratitude sont toujours pour le cœur humain comme les tasses d'eau pour les lèvres assoiffées. Nous ne devons pas craindre de faire tourner la tête des gens par de véritables expressions de gratitude ; d'un autre côté, rien n'inspire une telle humilité, une louange aussi respectueuse à Dieu, que la connaissance qu'apporte une telle gratitude , que l'on a été utilisé par Dieu pour aider, ou bénir, ou réconforter une autre vie.

On dit que le silence est d'or, et souvent même, il vaut mieux que la parole. "C'est une belle chose en amitié", dit George MacDonald, "de savoir quand se taire". Il y a des moments où le silence est la chose la plus vraie, la plus appropriée, la plus divine et la plus bénie, où les mots ne feraient que gâcher la douceur sacrée du ministère de l'amour. Mais il y a encore des moments où le silence est déloyal, cruel, aussi méchant que l'air de l'hiver pour les plantes tendres. Cela est particulièrement vrai pour la gratitude ; se taire froidement, quand le cœur est reconnaissant, est un péché contre l'amour. Lorsque nous avons dans notre cœur un mot de remerciement que nous pensons pouvoir prononcer honnêtement et que nous ne prononçons pas, nous avons gravement fait du tort à notre ami.

Surtout dans les foyers, il devrait y avoir une expression plus reconnaissante. Nous trompons nos amis à la maison plus que n'importe quel autre ami. La maison est l'endroit où l'amour est le plus vrai et le plus tendre. Nous n'avons jamais à craindre d'être incompris par les êtres chers qui nous entourent . Pourtant, trop souvent, la maison est l'endroit même où nous sommes le plus avares de mots reconnaissants et reconnaissants. Nous laissons les esprits doux mourir de faim à nos côtés pour les mots d'affection qui restent chauds, mais tacites, sur nos langues. Aucun d'entre nous ne sait quelle joie et quelle force nous pourrions transmettre aux autres, si seulement nous nous entraînions à exprimer de manière appropriée, délicate et réfléchie la gratitude qui est dans notre cœur. Nous deviendrions des bénédictions pour tous ceux qui nous entourent et recevrions dans notre vie une nouvelle joie. Rien n'est plus triste que le chagrin dont témoignent de nombreux cercueils ; le chagrin du deuil et de la perte rendu amer par le regret que désormais la trop lente gratitude du cœur n'ait jamais l'occasion de s'exprimer dans l'oreille qui a attendu si longtemps, affamée et en vain, la parole qui aurait apporté un tel réconfort .

« Au-dessus du cercueil, nous nous tenons pitoyables,
et déposons une rose dans la main impuissante, afin qu'hier, peut-être, nous ne la verrions pas, lorsqu'elle nous a été humblement offerte. pas - nous nous détournons et constatons que le monde est plus froid à cause de la perte de cet être si défectueux et si aimant.

"Pensez à ce moment, vous qui comptez
sur l'amour, voilà pour chaque douce pensée, Le moment où les dons les plus riches de l'amour sont nuls : Quand une fleur pâle, sur une poitrine sans pouls, Comme votre regret, exhale ses douceurs en vain."

Mais il ne suffit pas d'être reconnaissants et de montrer notre gratitude envers les amis humains qui nous font du bien. C'est à Dieu que nous devons tout. Tout don bon et parfait, peu importe comment il nous parvient, par quel messager, sous quelle forme, « descend d'en haut, du Père des lumières ». Toutes les bénédictions de la Providence, toutes les choses tendres qui nous parviennent par l'amour et l'amitié humaines, sont des dons de Dieu.

"D'où vient le cœur paternel chez l'homme,
Le cœur maternel chez la femme ? L'amour dans tout le plan cosmique Qui rend les enfants de Dieu humains ?

"Ceux-ci ne sont jamais venus : ce que nous contrôlons
est bon parce qu'il est donné, et tout est rendu meilleur à l'âme de l'homme par le doux contact du ciel."

Nous devons donc remercier Dieu pour tout ce que nous recevons. Lorsque nous avons montré de la gratitude envers nos bienfaiteurs humains, nous devons toujours des remerciements et de la gratitude à notre Père céleste. Il est également possible que nous soyons reconnaissants envers les amis qui nous aident, tout en restant athées, sans jamais reconnaître Dieu ni lui rendre grâce. C'est le péché le plus grave de tous. Nous volons Dieu et blessons son cœur chaque fois que nous recevons une faveur de quelque part que ce soit, et nous ne parvenons pas à lui adresser nos louanges.

Quoi que l'on puisse dire de l'ingratitude de l'homme envers ses semblables, il ne fait aucun doute que l'homme manque de gratitude envers Dieu. Nous recevons continuellement de sa miséricorde et de ses faveurs, et pourtant, n'y a-t-il pas des jours et des jours pour la plupart d'entre nous, pendant lesquels nous n'élevons pas notre cœur et ne prononçons aucune parole de louange ? Nos prières sont en grande partie des demandes et des supplications d'aide et de faveur, avec peu d'adoration et d'adoration. Nous continuons à demander et à demander, et Dieu continue à donner et à donner ; mais combien d'entre nous se souviennent toujours ou souvent de rendre grâce pour les prières exaucées ? L'ange des supplications, dit la légende, revient de terre lourdement chargé chaque fois qu'il vient recueillir les prières des hommes. Mais l'ange de l'action de grâce, de la gratitude, a les mains presque vides lorsqu'il revient de ses courses dans ce monde. Pourtant, ne devrions-nous pas rendre grâce pour tout ce que nous recevons et pour chaque demande répondue ? Si nous devions faire cela, nos cœurs seraient toujours élevés vers Dieu dans la louange.

On raconte l'histoire d'un grand chef d'orchestre d'un festival musical, levant soudain sa baguette et arrêtant la représentation en criant : « Flageolet ! Le flageolet ne faisait pas sa part et l'oreille exercée du chef d'orchestre manquait sa seule note dans le grand orchestre. Dieu ne manque-t-il pas d'une voix silencieuse dans la musique de la terre qui s'élève vers lui ? Et n'y a-t-il pas beaucoup de voix silencieuses, ne prenant aucune part au chant, ne faisant aucun éloge ? Ne devrions-nous pas rapidement commencer notre chant de gratitude, faisant appel à toutes les forces de notre être pour louer Dieu ?

CHAPITRE XXI.

QUELQUES SECRETS D'UNE VIE HEUREUSE À LA FAISON.

"Les devoirs primordiaux brillent comme des étoiles ;
les œuvres de charité qui apaisent, guérissent et bénissent Sont dispersées
aux pieds des hommes comme des fleurs. * * * * La fumée monte vers le
ciel aussi légèrement du foyer de la chaumière que du haut palais." —
WILLIAM WORDSWORTH.

La vie à la maison devrait être heureuse. La bénédiction du Christ sur chaque
maison dans laquelle il est accueilli en tant qu'hôte permanent est : « La paix
soit avec cette maison ». Bien que la perfection du bonheur soit inaccessible
dans ce monde, un bonheur riche, profond et remplissant le cœur peut
certainement et doit être atteint.

Pourtant, il faut une construction judicieuse et des soins délicats pour rendre
une maison vraiment et parfaitement heureuse. Un tel foyer ne vient pas
naturellement, par croissance naturelle, partout où une famille s'établit. Le
bonheur doit être planifié, vécu, sacrifié et souvent souffert. Son prix dans
une maison est toujours la perte de soi de la part de ceux qui composent le
foyer. Le bonheur à la maison est l'encens qui s'élève de l'autel du sacrifice
de soi mutuel.

On peut dire, en un mot, que Christ lui-même est le seul grand secret béni de
tout bonheur domestique ; Le Christ à l'autel du mariage ; Christ à la
naissance du bébé ; Christ quand le bébé meurt ; Christ aux jours
d'abondance; Le Christ dans les temps difficiles ; Christ dans toute la vie de
famille ; Le Christ à l'heure triste où il faut dire adieu, où l'un avance et l'autre
reste, portant le fardeau d'une douleur non partagée. Le Christ est le secret
d'une vie familiale heureuse.

Mais par souci de simplicité, la leçon peut être divisée. D'une part, le mari a
beaucoup à faire pour résoudre le problème. Un homme pense-t-il toujours
profondément à la responsabilité qu'il assume lorsqu'il éloigne une jeune
épouse du refuge de l'amour maternel et paternel, le nid humain le plus
chaleureux et le plus doux de ce monde, et la conduit dans une nouvelle
maison, où son amour sera-t-il désormais son seul refuge ? Aucun homme
n'est apte à être le mari d'une vraie femme s'il n'est pas un homme bon. Il
n'est pas nécessaire qu'il soit grand, ni brillant, ni riche, mais il doit être bon,
sinon il n'est pas digne de prendre en sa garde la vie tendre d'une femme
douce.

Alors il doit être un homme, vrai, courageux, généreux, viril. Il doit être un bon fournisseur. Il doit être un homme sobre ; aucun homme qui rentre à la maison ivre, même rarement, ne contribue au bonheur de sa femme et de sa famille. Il doit être un homme à la vie pure et irréprochable, dont le nom deviendra un honneur et une fierté dans sa maison. Les maris ont beaucoup à voir avec la question du bonheur à la maison.

La femme aussi a une responsabilité. Il faut comprendre dès le début qu'un bon entretien ménager est l'un des premiers secrets d'un foyer heureux. Si un homme doit être un bon soutien de famille, une femme doit être une bonne femme au foyer. Aucune femme n'est prête à se marier tant qu'elle n'a pas maîtrisé les beaux-arts du ménage. La maison est le royaume de la femme. Elle tient très largement entre ses mains le bonheur des cœurs qui s'y nichent. Le meilleur mari, le plus fidèle, le plus noble, le plus doux, le plus riche de cœur, ne peut pas rendre son foyer heureux si sa femme n'est pas une aide dans tous les sens du terme. En dernière analyse, le bonheur du foyer dépend de la femme. Elle est la véritable ménagère.

Les enfants aussi sont de grandes bénédictions lorsque Dieu les envoie, apportant au foyer de riches possibilités de bonheur. Ils coûtent des soins et exigent du travail et des sacrifices ; causant souvent de la douleur et du chagrin : pourtant la bénédiction qu'ils apportent récompense mille fois les soins et les coûts. C'est une heure sacrée dans un foyer où un bébé naît et est déposé dans les bras d'un jeune père et d'une jeune mère. Il ramène des fragments du ciel à sa suite jusqu'à la terre. Il existe peu de joies plus profondes et plus pures dans ce monde que la joie des vrais parents à la naissance d'un enfant. Une grande partie du bonheur de la maison au fil des années est assurée par les enfants. Nous disons que nous les formons, mais ils nous forment souvent plus que nous ne les formons. Nos vies s'enrichissent, nos cœurs s'ouvrent, notre amour devient plus saint lorsque les enfants sont autour de nous. Croons une jeune mère à propos de son bébé :—

"Et tu es à moi, chose impuissante et tremblante,
toi charmante présence ? Oiseau, où est ton aile ? Comme tu es pur ! frais des champs de lumière, où les anges récoltent le grain dans des robes blanches.

" As- tu apporté avec toi des "instructions scellées", colombe,
Comment ouvrir la source de l'amour maternel ? Tu remplis très bien ton rôle séduisant ; Avec un feu sacré, elles sont écrites dans mon cœur.

"Mon enfant, je te crains ! tu es un esprit, une âme !
Comment vais-je marcher devant toi ? garder mes vêtements entiers ? O Seigneur, donne la force, donne la sagesse pour la tâche, Pour former cet enfant pour toi ! Encore plus, je demander:

"La vie de ma vie, pour toi j'aspire aux meilleurs cadeaux et je suis heureux,
Plus que, même dans les rêves, ta mère n'en avait ! Ô Père ! affine cet or !
Oh, polis ceci, ma pierre précieuse ! Jusqu'à ce qu'il soit beau et convenable
pour ton diadème ".

Jésus a dit des petits enfants que ceux qui les reçoivent, en son nom, le
reçoivent. Ne pouvons-nous pas alors dire que les enfants apportent de
grandes possibilités de bénédiction et de bonheur dans un foyer ? Ils nous
parviennent comme messagers du ciel, porteurs de messages de Dieu.
Pourtant, nous ne connaissons peut-être pas leur valeur tant que nous les
possédons. Souvent, en effet, seuls le berceau vide et les bras vides nous
révèlent toute la mesure du bonheur familial que nous recevons des enfants.
Ceux à qui Dieu donne des enfants doivent les recevoir avec respect. Il y a
des foyers où des mères, qui autrefois se lassaient facilement des bruits des
enfants, s'assoient maintenant avec le cœur douloureux et donneraient tout
le monde pour avoir un bébé à allaiter ou un garçon joyeux à élever. Les
enfants font partie des secrets d'un foyer heureux.

En ce qui concerne la vie de famille, l'affection est l'un des secrets du
bonheur. Il existe des centaines de foyers dans lesquels règne l'amour qui
mourrait pour ses proches ; et pourtant les cœurs y manquent du pain
quotidien de l'amour. Il y a une tendance dans certains foyers à étouffer toute
la tendresse de l'amour, à la supprimer, à l'étouffer. Il y a des foyers où les
commodités de l'affection sont inconnues et où les cœurs manquent de pain
quotidien. Il y a des maris et des femmes entre lesquels les conversations
amoureuses se sont réglées dans les conventions les plus crues. Il y a des
parents qui n'embrassent jamais leurs enfants une fois qu'ils sont bébés et qui
découragent chez eux, à mesure qu'ils grandissent, toute envie de caresses. Il
y a des foyers dont la vie quotidienne est gâchée par d'incessantes petites
disputes et manques de courtoisie.

Ce ne sont pas des exagérations. Pourtant, il y a de l'amour dans ces foyers,
et tout ce qu'il faut, c'est qu'il soit libre d'accomplir son doux ministère. Il y
a des foyers froids et sans joie qui pourraient en peu de temps se réchauffer
dans la plus riche lueur de l'amour, si tous les cœurs de la maison pouvaient
s'exprimer avec affection. Le mari occupé pense-t-il que sa femme fatiguée
ne se soucierait plus des caresses et des marques de tendresse avec lesquelles
il la charmait ? Qu'il revienne pendant un mois à ses anciennes affections, et
qu'il lui demande ensuite si ces agréments de jeunesse lui déplaisent. Les
parents pensent-ils que leurs enfants adultes sont trop grands pour être
caressés, embrassés lors des rencontres et des séparations ? Qu'ils redonnent,
pour un temps, quelque chose de l'affection des jours d'enfance, et voient s'il
n'y a pas là une bénédiction. Beaucoup de ceux qui aspirent à un bonheur
familial plus riche n'ont qu'à prier pour un printemps d'amour, avec une
tendresse qui ne craint pas les expressions affectueuses.

"Réconfortez-vous les uns les autres;
Avec la poignée de main proche et tendre, Avec la douceur que l'amour
peut rendre, Et les regards amicaux. N'attendez pas avec grâce et sans
paroles Pendant que le pain quotidien de la vie est rompu: La parole douce
est souvent comme la manne tombée du ciel. "

Nous ne devons pas avoir peur de dire notre amour à la maison. Nous
devrions apporter toute la tendresse possible dans la vie quotidienne du
ménage. Nous devrions faire nos adieux le matin, alors que nous nous
séparons à la table du petit-déjeuner, assez gentiment pour les derniers adieux
; car ils pourraient bien être des adieux définitifs. Beaucoup sortent le matin
et ne rentrent jamais le soir ; c'est pourquoi nous devrions nous séparer,
même pour quelques heures, avec des paroles aimables, avec une pression
prolongée de la main, de peur que nous ne puissions plus jamais nous
regarder dans les yeux. La tendresse dans un foyer n'est pas une faiblesse
enfantine, ce n'est pas une chose dont il faut avoir honte ; c'est l'un des
devoirs sacrés de l'amour. L'expression affectueuse est l'un des secrets d'une
vie familiale heureuse.

La religion est un autre de ces secrets. C'est là que l'Évangile du Christ est
accueilli que tombe la bénédiction du ciel : « La paix soit dans cette maison
». Il peut y avoir une certaine mesure de bonheur dans un foyer sans Christ,
mais au mieux il lui manque quelque chose, et alors quand le chagrin arrive
et que le soleil de la joie terrestre s'obscurcit, il n'y a pas de lampes de confort
céleste pour éclairer les ténèbres. Triste est en effet la maison sans Christ,
quand un être cher repose mort à l'intérieur de ses portes. Aucune parole de
réconfort chrétien n'a le pouvoir de consoler, car il n'y a pas de foi pour les
recevoir. Aucune étoile ne brille à travers leurs cyprès. Mais comme c'est
différent dans le foyer chrétien, dans la même tristesse ! Le chagrin est tout
aussi douloureux, mais la vérité de l'immortalité jette une lumière sainte sur
les ténèbres, et il y a une joie profonde qui transfigure le chagrin.

Alors ne pouvons-nous même pas considérer le chagrin comme l'un des
secrets du bonheur dans un véritable foyer chrétien ? Cela peut sembler à
première vue une suggestion étrange. Mais il y a sûrement des foyers qui ont
traversé des expériences d'affliction et qui éprouvent aujourd'hui une joie
plus profonde, plus riche et plus complète qu'avant l'arrivée du chagrin. Le
chagrin atténuait leur joie, la rendant moins hilarante, mais non moins douce.
Le deuil a rapproché tous les cœurs. La perte d'un membre du cercle a rendu
ceux qui restaient plus chers qu'auparavant. Les larmes sont devenues des
lentilles cristallines à travers lesquelles la foi a vu plus profondément le ciel.
Alors, dans la douleur, le Christ s'est rapproché, entrant plus réellement dans
la vie du foyer. La prière a une signification plus grande depuis les jours
sombres. Il y a un nouveau parfum d'amour dans la maison. Il existe de

nombreux foyers dont le chagrin a contribué à créer un bonheur présent riche, profond et tranquille.

Mais ce n'est pas seulement dans la douleur que la religion donne sa bénédiction. Cela rend tout le bonheur plus doux d'avoir l'assurance de l'amour et de la faveur de Dieu qui demeurent dans la maison. Les fardeaux sont plus légers parce qu'il y a Celui qui les partage tous. La prière du matin en famille, lorsque tous s'inclinent ensemble, rend toute la journée plus belle ; et la prière du soir avant de dormir permet à tous de se sentir plus en sécurité pour la nuit. La religion inspire alors le altruisme, la prévenance, l'esprit d'entraide, de fardeau et de service, et enrichit ainsi la vie familiale.

Au bout d'un moment, les jeunes se dispersent et s'installent dans leur propre maison. Comme il est beau alors de voir le vieux couple qui, trente ou quarante ans auparavant, se tenait ensemble devant l'autel du mariage, toujours ensemble, avec un amour aussi vrai, pur et tendre que jamais, attendant de rentrer chez lui. Peu à peu, le mari s'en va et ne revient plus, puis la femme se sent seule et désire partir elle aussi. Un peu plus tard, elle aussi est partie, et ils se retrouvent de l'autre côté, ces chers vieux amants, pour ne plus se séparer désormais. Et c'est la fin bénie d'un foyer chrétien heureux.

CHAPITRE XXII.

LES PLANTES D'HIVER DE DIEU.

" Le vent qui souffle ne peut jamais tuer
l'arbre que Dieu plante ; il souffle vers l'est ; il souffle vers l'ouest ;
les feuilles tendres ont peu de repos, mais tout vent qui souffle est meilleur.
L'arbre que Dieu plante frappe des racines plus profondes, pousse encore
plus haut, s'étend plus largement. branches, car la bonne volonté de Dieu
répond à tous ses besoins. —LILLIE E. BARR.

L'un des journaux parle d'une fleur récemment découverte. On l'appelle la
fleur des neiges. On l'a trouvé dans la partie nord de la Sibérie. La plante
pousse hors de la glace et du sol gelé. Il a trois feuilles, chacune d'environ
trois pouces de diamètre. Ils poussent du côté de la tige vers le nord. Chacune
des feuilles semble recouverte de petits cristaux de neige. La fleur, lorsqu'elle
s'ouvre, est en forme d'étoile, ses pétales ayant la même longueur que les
feuilles et environ un demi-pouce de largeur. Le troisième jour, les extrémités
des anthères présentent de minuscules taches brillantes, comme des
diamants, qui sont les graines de cette merveilleuse fleur.

Cette étrange fleur de neige n'est-elle pas une illustration de nombreuses vies
chrétiennes ? Dieu semble les planter dans la glace et la neige ; pourtant, ils
vivent et grandissent hors du froid hivernal pour devenir d'une beauté juste
et merveilleuse. Nous devrions dire que les vies les plus belles sur terre
seraient celles qui sont élevées au milieu des influences les plus douces et les
plus bienveillantes, sous les cieux d'été, dans l'atmosphère chaleureuse de
l'aisance et du confort. Mais la vérité est que les développements les plus
nobles du caractère chrétien se développent dans le jardin hivernal des
difficultés, des luttes et du chagrin.

L'épreuve ne doit donc pas être considérée avec découragement, comme
quelque chose qui retarderait et éclipserait la vie et gâcherait sa beauté. Cela
devrait plutôt être accepté, lorsqu'il se présente, comme faisant partie de la
discipline de Dieu, par laquelle il ferait ressortir les possibilités les plus nobles
et les meilleures de notre caractère. Peut-être serions-nous plus heureux à
cette époque si nous avions des conditions plus faciles et plus agréables. Les
enfants pourraient être plus heureux sans retenue, sans gouvernement
familial, sans châtiment – ils pourraient simplement grandir dans l'
obstination et l'égarement. Mais il y a quelque chose de mieux dans la vie que
le bonheur présent. Un caractère discipliné dans la virilité, même s'il a été
acquis grâce à un entraînement à domicile sévère et rigoureux, vaut mieux
qu'une enfance et une jeunesse débridée, avec pour résultat une virilité sans
valeur. Une vie noble, à l'image de Dieu, même au prix de beaucoup de

douleur et d'abnégation, vaut mieux que des années d'absence de soucis et de sacrifices avec une vie non bénie et perdue à la fin. « Servir Dieu et l'aimer, dit l'un d'eux, est plus élevé et meilleur que le bonheur, même avec les pieds blessés, les mains saignantes et le cœur chargé de chagrin. »

"Tant de choses nous manquent
Si l'amour est faible ; tant de choses nous gagnent Si l'amour est fort. Dieu ne pense qu'aucune douleur ne soit trop vive ou trop durable pour être ordonnée Pour nous enseigner cela."

Il est bon que nous comprenions comment recevoir l'épreuve afin de tirer de sa dure expérience le bien qu'elle nous apporte. D'une part, nous devrions toujours l'accepter avec respect. La résistance perd la bénédiction qui ne peut être accordée qu'à l'esprit aimant et soumis. L'aptitude à l'enseignement est la condition invariable de l'apprentissage. Se rebeller contre le procès, c'est passer à côté du bien qu'il a pu nous apporter. Il y en a qui ressentent toute la sévérité et la souffrance dans leur sort comme de la méchanceté en Dieu. Ceux-ci ne grandissent pas mieux sous le châtiment divin, mais en sont plutôt blessés. Lorsque nous acceptons les conditions de notre vie, aussi difficiles soient-elles, comme divinement ordonnées, et comme étant les conditions mêmes dans lesquelles, pendant un certain temps, nous grandirons le mieux, nous sommes prêts à en tirer la bénédiction et le bien qu'elles nous sont destinés. .

Une autre suggestion importante est que nous nous évanouissons sans être mis à l'épreuve. Il y a ceux qui abandonnent et perdent tout leur courage et leur foi lorsque les problèmes surviennent. Ils ne peuvent pas supporter la souffrance. Le chagrin les écrase. Ils s'effondrent aussitôt sous une croix et pensent qu'ils ne pourront plus jamais continuer. Il y a eu de nombreuses vies écrasées par l'affliction ou l'adversité, qui ne sont pas sorties de la poussière. Il y a eu des mères, heureuses et fidèles auparavant, dont un enfant a été retiré de la maison, et qui ont perdu tout intérêt pour la vie depuis ce jour, laissant leur maison devenir morne et désolée et leurs autres enfants laissés sans soin, alors qu'ils étaient assis. les mains jointes dans l'abandon de leur chagrin désespéré et inconfortable. Il y a eu des hommes pleins d'espoir, qui ont subi une défaite ou une perte, puis ont abandonné leur découragement et sont tombés dans la poussière de l'échec, sans jamais essayer de se relever.

Rien n'est plus triste dans la vie que de tels abandons . Ils sont indignes des êtres immortels. L'intention divine dans l'épreuve n'est jamais de nous écraser, mais toujours de nous faire du bien d'une manière ou d'une autre, de faire ressortir en nous une nouvelle énergie de vie. Quelle que soit la perte, la lutte ou le chagrin, nous devons l'accepter avec amour, humilité et foi, en tirer les leçons, puis continuer dans la vie qui s'offre à nous. Lorsqu'un enfant est retiré d'un foyer, la mère devrait, avec un cœur plus respectueux et une main plus douce, transformer toute l'énergie de sa vie châtiée en canaux d'amour, vivant plus que jamais pour son foyer et les enfants qui lui restent. son. L'homme qui a ressenti le coup stupéfiant d'un chagrin ou d'une perte soudaine devrait baiser la main de Dieu qui a frappé, et se lever rapidement et se diriger vers les batailles et les devoirs qui l'attendent. Nous ne devrions jamais accepter une défaite comme définitive. Même si nous sommes dans les dernières heures de la vie, avec seulement une frange de marge et tous nos échecs et pertes passés, nous ne devons pas désespérer.

"Et si l'éclat qui était autrefois si brillant,
soit maintenant à jamais retiré de ma vue ; même si rien ne peut ramener l'heure de la splendeur dans l'herbe, de la gloire dans la fleur, nous ne nous affligerons pas, mais trouverons plutôt de la force dans ce qui reste derrière ".

Il n'y a nulle part une meilleure illustration de la manière dont nous devrions toujours nous relever de l'épreuve que dans la vie de saint Paul. Depuis le jour de sa conversion jusqu'au jour de sa mort, les ennuis l'ont suivi. Il a été incompris ; il a été chassé à cause du Christ ; il a rencontré la persécution sous toutes les formes ; il a fait naufrage ; il gisait dans des cachots ; il a été abandonné par ses amis. Mais il ne s'est jamais évanoui, ne s'est jamais découragé, n'a jamais prononcé un mot sur l'abandon. « Abattu, mais pas détruit », telle était l'histoire de sa vie. Il s'est rapidement relevé de chaque épreuve, de chaque adversité, avec une nouvelle lumière dans les yeux, un nouvel enthousiasme dans le cœur. Il ne pouvait pas être vaincu, car il avait Christ en lui. Ne devrions-nous pas saisir l'esprit invincible de Saint-Paul, afin que nous ne puissions jamais nous évanouir dans aucune épreuve ?

Il faut de la foi pour affronter héroïquement les difficultés et l'adversité. Sans doute, à l'époque, la bénédiction ne se manifeste ni dans la tristesse ni dans la défaite. Tout semble désastreux et destructeur. C'est dans le futur, dans l'accomplissement, que le bien doit venir. C'est une question de foi, pas de vue. « Tout châtiment semble pour le moment non pas joyeux, mais douloureux ; pourtant, par la suite, il produit des fruits paisibles à ceux qui ont été exercés par cela, même le fruit de la justice. » Oh, la bénédiction de « l'après » de Dieu ! Un jour, Jacob a pensé et dit que tout était contre lui, mais ensuite il a vu que ses grandes afflictions et ses pertes faisaient partie d'un beau plan d'amour pour lui. Les disciples pensaient que la croix était la destruction de toutes leurs espérances messianiques ; ils virent ensuite que c'était la réalisation même de ces espérances. La taille, qui à l'époque interrompait tant la vie de la vigne, coupant de grosses et riches branches, apparaît ensuite comme ayant sauvé et enrichi la vigne entière. Nous avons donc toujours besoin de foi. Il faut croire contre les apparences.

« Sous la source du mal,
bien des coupes se remplissent, et la lèvre patiente, bien qu'elle boive souvent,
ne trouve que l'amertume.

"Néanmoins, je sais,
De l'obscurité doit naître, Tôt ou tard, tout ce qui est juste, Puisque les cieux l'ont voulu ainsi."

La charrue allait et venait. Le champ était couvert d'herbes et de belles fleurs, mais sans pitié, le soc se frayait un chemin à travers elles, creusant sillon après sillon. Il semblait que toute la beauté était désespérément détruite. Mais peu à peu arrivait le temps de la moisson, et le champ était couvert de blé doré. C'est ce que la foi du laboureur a vu dès le début.

Le chagrin semble détruire la vie d'un enfant de Dieu. Son soc grossier le traverse encore et encore, creusant de nombreux sillons profonds, entaillant sa beauté. Mais ensuite, une récolte de bénédiction et de bien naît de la vie écrasée et brisée. C'est ce que Dieu veut toujours dans l'épreuve et le chagrin.

Ayons la foi du laboureur, et nous ne nous évanouirons pas lorsque la part nous sera enfoncée dans le cœur. Alors, par la foi, nous verrons, au-delà de la douleur et de l'épreuve, la bénédiction d'une vie plus riche, d'une sainteté plus blanche, d'une plus grande fécondité. Et gagner cette bénédiction vaudra toute la douleur et toutes les épreuves.

CHAPITRE XXIII.

CONSTRUCTION DE VIE INTERMINÉE.

"Laisse-moi ne pas mourir avant d'avoir fait pour toi
Mon œuvre terrestre, quelle qu'elle soit. Ne m'appelle pas d'où, avec une
mission inaccomplie; Ne me laisse pas laisser mon espace de terrain
inoccupé; Imprime-moi cette vérité, que personne ne peut faites ma part,
que je laisse inachevée.

Nous sommes tous des bâtisseurs. Nous ne pouvons pas ériger de maison ou
de temple dans une rue de la ville, à la vue des yeux humains, mais chacun de
nous construit un tissu que Dieu et les anges voient. La vie est un bâtiment.
Elle augmente lentement, de jour en jour, au fil des années. Chaque nouvelle
leçon que nous apprenons bloque l'édifice qui s'élève silencieusement en
nous. Chaque expérience, chaque contact d'une autre vie sur la nôtre, chaque
influence qui nous impressionne, chaque livre que nous lisons, chaque
conversation que nous avons, chaque acte de nos jours les plus communs,
ajoute quelque chose au bâtiment invisible. Le chagrin a aussi sa place dans
la préparation des pierres à poser sur le mur de la vie. Toute vie fournit la
matière.

"Nos jours et hier
sont les blocs avec lesquels nous construisons."

Il existe de nombreux tissus nobles de caractère élevés dans ce monde. Mais
il y en a aussi beaucoup qui ne construisent que des huttes basses, mesquines,
sans beauté, qui seront balayées par les feux éprouvants du jugement.
Nombreux sont également ceux dont l'œuvre offre le spectacle d'un bâtiment
inachevé. Il y avait un beau projet pour commencer, et le travail promettait
bien pour un peu de temps ; mais après un certain temps, il fut abandonné et
laissé debout, avec des murs à mi-hauteur, un fragment inutile, ouvert et
exposé, une ruine incomplète et sans gloire, ne racontant aucune histoire de
splendeur passée comme le font les ruines de quelque vieux château ou
colisée, un monument seulement de folie et d'échec.

« Il n'y a rien de plus triste », écrit l'un d'eux, « qu'une ruine incomplète ; une
ruine qui n'a jamais été utile ; qui n'a jamais été ce qu'elle était censée être ; à
laquelle ne s'accrochent aucune association pure, sainte et élevée, aucune
pensée de batailles livrées. et des victoires remportées, ou des défaites aussi
glorieuses que des victoires. Dieu les voit là où nous ne les voyons pas. La
tour la plus haute peut être plus inachevée que la plus basse pour lui.

Il ne faut pas oublier la vérité de cette dernière phrase. Il y a des vies qui, à
nos yeux, semblent seulement avoir été commencées puis abandonnées, qui,

aux yeux de Dieu, s'élèvent encore vers une beauté de plus en plus gracieuse. Voilà celui qui a commencé l'œuvre de sa vie avec toute l'ardeur de la jeunesse et tout l'enthousiasme d'un esprit consacré. Pendant un certain temps , sa main ne s'est jamais fatiguée, son énergie ne s'est jamais relâchée. Ses amis attendaient de grandes choses de sa part. Puis sa santé a cédé. La main diligente reste inactive et attend maintenant. Son enthousiasme ne l'entraîne plus loin. Son œuvre reste inachevée.

"Quel dommage!" disent les hommes. Mais attendez! Il n'a pas laissé une œuvre inachevée telle que Dieu la voit. Il repose dans la soumission aux pieds du Maître et grandit entre-temps en tant que chrétien. Le temple spirituel dans son âme s'élève lentement dans le silence. Chaque jour ajoute quelque chose à la beauté de son caractère, alors qu'il apprend les leçons de patience, de confiance, de paix, de joie et d'amour. Son édifice sera enfin plus beau que s'il avait pu travailler dur pendant de nombreuses années chargées, réalisant ses propres plans. Il accomplit le dessein de Dieu pour sa vie.

Nous ne devons pas mesurer la construction spirituelle selon des normes terrestres. Où le cœur reste fidèle et fidèle au Christ ; où la croix de la souffrance est relevée avec joie et portée avec douceur ; là où l'esprit est obéissant, même si les mains sont jointes et les pieds doivent être immobiles, le temple s'élève continuellement vers la beauté achevée.

Ou en voilà un qui meurt en bas âge. Il y avait une grande promesse dans la belle vie. L'affection lui avait fait naître un noble tissu d'espoir. Peut-être que la beauté avait commencé à briller sur le visage et que les mains avaient commencé à montrer leur habileté. Puis la mort est arrivée et tous les beaux espoirs ont été anéantis. Les visions de beauté et les rêves de nobles réalisations et réalisations gisaient comme des fleurs fanées sur la tombe. Une vie inachevée! les amis pleurent de déception et de chagrin. Cela semble sûrement être le cas aux yeux de l'amour, du côté terrestre. Mais il n'en est pas ainsi , comme le regarde l'œil de Dieu. Il n'y a rien d'inachevé qui accomplisse le plan divin. Dieu ne retranche aucune jeune vie tant que son œuvre terrestre n'est pas terminée. Ensuite, la construction de l'âme qui a commencé ici et qui semble avoir été interrompue par la mort, n'a été cachée à nos yeux que par un mince voile derrière lequel elle continue de s'élever avec une continuité ininterrompue, s'élevant dans la plus belle beauté devant Dieu.

Mais il existe des bâtiments de vie abandonnés dont l'histoire ne raconte que la honte et l'échec. Beaucoup de personnes commencent à suivre le Christ, et après un peu de temps se détournent de leur profession et ne laissent qu'un début prétentieux qui reste comme une ruine dont le monde se moque et qui déshonore le nom du Maître.

Parfois, c'est le découragement qui pousse les hommes à abandonner le travail auquel ils se sont mis la main. Dans l'un de ses poèmes, Wordsworth raconte l'histoire pathétique d'un tas épars de pierres non taillées et du début d'une bergerie qui ne fut jamais terminée. Avec sa femme et son fils unique, le vieux Michael, un berger des Highlands, a vécu de nombreuses années en paix. Mais des ennuis survinrent qui obligeèrent le fils à partir pour se débrouiller seul pendant un certain temps. Pendant un temps, de bons rapports lui parvenaient, et le vieux berger sortait quand il avait du temps et travaillait à la bergerie qu'il construisait. Peu à peu, cependant, de tristes nouvelles arrivaient de Luc. Dans la grande ville dissolue , il s'était livré à des voies mauvaises. La honte tomba sur lui et il fut poussé à chercher une cachette au-delà des mers. La triste nouvelle a brisé le cœur du vieux père. Il allait et venait comme avant, s'occupant de ses moutons. Il réparait également le vallon creux de temps en temps, c'est-à-dire qu'il construisait sur le pli inachevé. Mais les voisins, pris de pitié, remarquèrent qu'il faisait peu de travail en ces tristes jours.

"Tout le monde croit
qu'il y est allé plusieurs fois et n'a jamais soulevé une seule pierre. Là, près de la bergerie, on le voyait parfois assis seul, avec son fidèle chien, puis vieux, à côté de lui, couché à ses pieds. . Pendant sept années complètes, il travaillait de temps en temps à la construction de sa bergerie, et laissait l'ouvrage inachevé à sa mort.

Des années après le départ du berger, les restes du bercail inachevé étaient toujours là, triste souvenir de celui qui avait commencé à construire mais ne l'avait pas terminé. Le chagrin lui brisa le cœur et sa main se relâcha.

Trop souvent, les nobles édifices de la vie sont abandonnés au moment du chagrin, et les mains qui étaient rapides et habiles avant que le chagrin n'arrive, pendent et ne font plus rien sur les murs du temple. Cependant, au lieu d'abandonner notre travail et de faiblir dans notre diligence, la tristesse devrait nous inspirer à un plus grand sérieux dans tout devoir et à une plus grande fidélité dans toute la vie. Dieu ne veut pas que nous nous évanouissions sous le châtiment, mais que nous poursuivions notre travail, vivifiés par le chagrin vers un nouveau sérieux.

Le manque de foi est une autre cause qui pousse beaucoup à abandonner leurs temples de vie inachevés. Des foules ont suivi le Christ dans les premiers jours de son ministère, lorsque tout semblait brillant, qui, lorsqu'ils ont vu l'ombre de la croix, se sont retournés et n'ont plus marché avec lui. Ils ont perdu confiance en lui. Il est surprenant de voir à quel point même les apôtres de notre Seigneur ont failli laisser leurs bâtiments inachevés. Si leur foi n'était pas revenue après la résurrection de leur Maître, ils n'auraient laissé dans ce monde que de tristes monuments d'échec au lieu de glorieux temples achevés.

Aujourd'hui encore, nombreux sont ceux qui, à cause de la perte de leur foi, abandonnent leur travail sur le mur du temple du disciple chrétien qu'ils ont commencé à construire. Qui ne connaît pas ceux qui étaient autrefois sérieux et enthousiastes dans la vie chrétienne, alors qu'il y avait peu d'opposition, mais qui se sont évanouis et ont échoué lorsqu'il est devenu difficile de confesser Christ et de marcher avec lui ?

Alors le péché, sous une forme ou une autre, éloigne de nombreux bâtisseurs de leur œuvre, pour la laisser inachevée. Ce sont peut-être les fascinations du monde qui l'éloignent du côté du Christ. Il se peut que ce soient des compagnies humaines pécheresses qui l'attirent à abandonner une amitié loyale envers son Sauveur . Il se peut que ce soient des richesses qui entrent dans son cœur et aveuglent ses yeux sur les attraits du ciel. Il se peut que ce soit une convoitise secrète et avilissante qui prend le pouvoir sur lui et paralyse sa vie spirituelle. Beaucoup sont là maintenant, parmi les foules du monde, qui étaient autrefois assis à la table du Seigneur et faisaient partie du peuple de Dieu. Des bâtiments inachevés que sont leurs vies, des tours commencées avec beaucoup d'enthousiasme puis abandonnées pour raconter leur triste histoire d'échec à tous les passants. Ils ont commencé à construire et n'ont pas pu terminer.

Il est triste de penser à quelle part de cette œuvre inachevée les anges de Dieu voient lorsqu'ils contemplent notre terre. Pensez aux bons débuts qui n'aboutissent jamais à rien ; les excellentes résolutions qui ne se réalisent jamais, les nobles projets de vie entrepris par tant de jeunes avec un enthousiasme ardent, mais bientôt abandonnés. Pensez aux belles visions et aux beaux espoirs qui pourraient devenir de splendides réalités, mais qui s'effacent, sans laisser la trace d'un seul effort sincère et sérieux pour les concrétiser.

Dans toutes les lignes de vie , nous voyons ces bâtiments abandonnés. Le monde des affaires en regorge. Les hommes ont commencé à construire, mais peu de temps après, ils ont disparu, laissant leur travail inachevé. Ils partaient avec joie, mais se lassaient à la longue du labeur, ou se décourageaient devant la lenteur du succès, et abandonnaient leur idéal alors qu'il était peut-être sur le point de se réaliser. De nombreuses maisons offrent le spectacle de rêves d'amour abandonnés. Pendant un certain temps , la belle vision brillait avec éclat, et deux cœurs cherchaient à la réaliser, mais y renoncèrent ensuite par désespoir.

Ainsi, partout, la vie est pleine de débuts qui ne sont jamais menés à leur terme. Il n'y a pas une âme détruite dans les rues, pas un prisonnier purgeant une peine derrière les barreaux de fer, pas un être avili et déchu nulle part, dans l'âme duquel il n'y eut pas une seule fois des visions de beauté, des espoirs brillants, des pensées et des desseins saints, et de hautes résolutions

– un idéal de quelque chose de beau et de noble. Mais hélas! les visions, les espoirs, les objectifs, les résolutions ne sont jamais devenus plus que des débuts. Les anges de Dieu se penchent et voient un grand désert de tissus inachevés, de possibilités splendides non réalisées, de nobles possibles abandonnés , d'horribles ruines maintenant, de tristes monuments uniquement d'échecs.

La leçon de tout cela est que nous devons terminer notre travail, que nous ne devons permettre à rien de nous éloigner de notre devoir, que nous ne devons jamais nous lasser de suivre le Christ, que nous devons tenir ferme le début de notre confiance jusqu'à la fin. . Nous ne devons faiblir sous aucun fardeau, face à aucun danger, devant toute exigence de coût et de sacrifice. Aucun découragement, aucun chagrin, aucune attirance pour le monde, aucune épreuve ne devrait affaiblir un instant notre détermination à être fidèle jusqu'à la mort. Personne qui a commencé à construire pour Christ ne devrait laisser une œuvre de vie inachevée et abandonnée pour attrister le cœur du Maître et être ridiculisé comme un reproche au nom qu'il porte.

Pourtant, nous devons nous rappeler, pour ne pas nous décourager, que ce n'est que dans un sens relatif, humain, qu'une construction de vie peut être complètement achevée. Notre meilleur travail est gâché et imparfait. Ce n'est que lorsque nous sommes en Christ et que nous sommes ses collaborateurs que tout ce que nous faisons peut devenir parfait et beau. Mais les plus faibles et les plus humbles, qui sont simplement fidèles, seront enfin complets en lui. Même le plus simple fragment de vie, tel qu'il apparaît aux yeux des hommes, s'il est véritablement en Christ et rempli de son amour et de son Esprit, apparaîtra terminé lorsqu'il sera présenté devant la Présence divine. Faire la volonté de Dieu, quelle qu'elle soit, pour accomplir son plan, c'est être complet en Christ, même si le séjour sur terre ne dure qu'un jour, et bien que le travail accompli ne réalise aucun grand plan humain et ne laisse aucune trace brillante. parmi les hommes.

"Ton travail inachevé ! Ne crains pas,
même si à son arrivée on pourra trouver la pierre non sertie. Pourtant, pour ta foi, au-delà des cieux, la tienne sera le prix tant désiré. Il sait mieux qui appelle du travail maintenant
au repos, au ne construisez plus. »

CHAPITRE XXIV.

CHAUSSURES EN FER POUR ROUTES ACTUELLES.

connaît notre faiblesse ,

Rappelez-vous que nous sommes poussière ;
Et toujours son visage est bon, ses voies sont toujours justes. Dans le mal et dans l'aveuglement, nous errons à travers un labyrinthe obscur, mais notre Père nous ramène toujours à la maison, par la force d'un amour puissant. » — MARGARET E. SANGSTER.

La question des chaussures est importante. Cela est particulièrement vrai lorsque les routes sont accidentées et dures. Nous ne pouvons alors pas nous passer de quelque chose de solide et de confortable à porter aux pieds. On ne s'attendrait guère à trouver quoi que ce soit dans la Bible concernant un tel besoin. Pourtant, cela montre seulement à quel point la Bible s'adapte véritablement à notre vie réelle que de découvrir en elle une promesse se référant aux chaussures.

Dans la bénédiction de Moïse, prononcée avant sa mort sur les différentes tribus, il y avait entre autres choses pour Aser : « Tes chaussures seront en fer ». Une petite note géographique aidera à clarifier le sens. Une partie de la portion attribuée à Asher était vallonnée et accidentée. Les sandales ordinaires, faites de bois ou de cuir, ne supporteraient pas l'usure des rochers pointus et silex. Il fallait donc un type spécial de chaussures. D'où la forme de la promesse : « Tes chaussures seront en fer ».

Même les paroles bibliques qui ont pris la coloration locale la plus vive en raison des circonstances particulières dans lesquelles elles ont été prononcées à l'origine, sont pourtant aussi vraies pour nous qu'elles l'étaient pour ceux à qui elles sont parvenues pour la première fois. Il suffit de démêler des allusions locales le véritable cœur du sens des mots, et nous avons une promesse éternelle à laquelle tout enfant de Dieu peut se réclamer.

En transformant donc cette ancienne assurance en un mot destiné aux pèlerins du XIXe siècle, nous en tirons quelques suggestions importantes. D'une part, cela nous indique que nous pourrions avoir des tronçons de route accidentés avant d'arriver à la fin de notre voyage de vie. Sinon, à quoi serviraient des chaussures en fer ? Si le chemin doit être parsemé de fleurs, des pantoufles de velours, comme le suggère quelque part le Dr McLaren, feraient l'affaire. Aucun homme ne veut de chaussures à semelles de fer pour se promener dans une prairie douce. Le voyage ne sera probablement pas facile. En effet, une vie chrétienne sérieuse n'est jamais facile. Personne ne peut vivre noblement et dignement sans lutte, sans combat et sans renoncement. Il existe peut-être des moyens faciles, mais ce ne sont pas les moyens les plus valables. Ils ne mènent pas aux choses les plus nobles. L'une des raisons pour lesquelles beaucoup de gens ne réalisent jamais les visions de beauté et de splendeur qui brillent devant eux dans leurs premières années est qu'ils n'ont pas le courage d'escalader des obstacles.

"J'atteins un devoir, mais je ne le fais pas,
Et, par conséquent, je ne monte pas plus haut ; mais si je le fais, Ma vue s'éclaire et un autre point est Vu sur mon soleil mortel ; Car le devoir soit aussi haut que le vol d'un ange - Accomplissez-le, et un plus élevé naîtra même de ses cendres. Le devoir est notre échelle vers les cieux, et si nous ne grimpons pas, nous tombons.

Nous aurons besoin de nos chaussures de fer si nous voulons entreprendre le voyage qui nous mènera aux meilleures possibilités de notre vie.

Mais ce mot n'est pas simplement une prophétie de sentiers accidentés ; c'est aussi une promesse de ferrer la route, quelle qu'elle soit. Celui qui se prépare à escalader une montagne escarpée et escarpée ne mettrait pas de pantoufles de soie ; il obtiendrait des chaussures solides et résistantes, avec de gros clous dans les semelles. Lorsque Dieu nous envoie parcourir des sentiers escarpés et caillouteux , il ne manquera pas de nous fournir des chaussures adaptées.

La part d'Asher n'était pas accidentelle ; c'était le choix de Dieu. Il n'y a pas non plus d'accident dans l'ordre du lieu, les conditions, les circonstances d'un enfant de Dieu. Notre temps est entre les mains de Dieu. Il ne fait donc aucun doute que les duretés et les difficultés du sort de chacun font partie de l'ordre divin visant à la meilleure croissance de la vie de la personne.

Il y avait une compensation dans la part brute d'Asher. Ses collines escarpées contenaient du fer. Cette loi de compensation traverse toute la distribution des dons de Dieu. Dans le monde animal, il existe une merveilleuse harmonie, souvent remarquée, entre les créatures et les circonstances et conditions dans lesquelles elles se trouvent. La même loi règne dans la providence de la vie humaine. La ferme d'un homme est vallonnée et difficile à cultiver, mais au fond de sa rudesse, enfouie dans ses rochers, se cachent de riches minéraux. Le sort d'une personne dans la vie est dur, avec des obstacles, des difficultés et des épreuves particulières ; mais il y a là-dedans des compensations quelconques. Un jeune homme est élevé dans la richesse et le luxe. Il n'éprouve jamais de besoin ni d'abnégation, n'a jamais à lutter contre des obstacles ou des circonstances défavorables. Un autre est élevé dans la pauvreté et doit travailler dur et souffrir de privations. Ces derniers ne semblent guère avoir les mêmes chances dans la vie. Mais nous savons tous où se situe la compensation dans cette affaire. C'est dans de telles circonstances que se développe la grande virilité, alors que trop souvent les fils du luxe choyés et choyés n'aboutissent à rien. Dans les collines escarpées du labeur et des difficultés, se trouve l'or le plus fin de la vie.

Il y a peu de choses dont souffrent plus les jeunes de familles riches que d'une aide excessive. Aucun jeune homme à l'esprit noble ne souhaite que la vie lui soit rendue trop facile par le labeur des autres. Ce qu'il désire, c'est une opportunité de travailler pour lui-même. Il y a certaines choses que personne d'autre ne peut nous donner ; nous devons les obtenir pour nous-mêmes. Notre corps doit grandir grâce à nos propres efforts. Notre esprit doit être discipliné par notre propre étude. Les pouvoirs de notre cœur doivent être développés et entraînés par notre propre amour et nos propres actions. On parle de deux amis et de deux manières de montrer l'amitié :

"L'un d'eux apporta un gobelet de cristal rempli
d'eau qu'il avait puisée dans des ruisseaux qui s'élevaient là où je n'avais jamais marché - Trop loin pour que même mon œil vif puisse le voir. C'étaient des hauteurs agréables, familières à ses pieds - C'étaient des sources fraîches qui saluaient le matin, et le rendit frais quand midi brûlait fort, et lui chanta quand toutes les étoiles étaient sorties; sa main les avait fait sortir, et leur vie pure était cultivée, avec une économie sacrée, pour les fleurs, et les oiseaux, et la bête et l'homme. Les collines étaient à lui, Et à lui l' eau claire et douce. Ce n'est pas à moi
que son renouvellement est venu. J'avais encore soif.

"L'autre m'a regardé avec grâce,
m'a vu dévasté par mon amer besoin, et ne m'a rien donné. Avec un visage sévère et un front de prophète, il m'a demandé de rechercher rapidement ma propre proie dure - là, tracez un chemin pour les eaux emprisonnées. Je me suis levé, car j'ai connu mon Maître, et j'ai frappé, comme Moïse, mon rocher gris et stérile, et j'ai trouvé un secours suffisant pour toute ma maison. Tous mes serviteurs, tous mes troupeaux et boeufs. »

Le meilleur ami que nous puissions avoir est celui, non pas celui qui déterre le trésor pour nous, mais celui qui nous apprend et nous inspire de nos propres mains à ouvrir les rochers et à trouver les trésors par nous-mêmes. Extraire le fer nous fera plus de bien que le fer lui-même une fois extrait.

Les chaussures de fer ne sont promises qu'à ceux qui doivent avoir des routes accidentées, et non à ceux dont le chemin se trouve au milieu des fleurs. Il y a ici une suggestion réconfortante pour tous ceux qui trouvent une dureté particulière dans leur vie. Une faveur particulière leur est promise. Dieu pourvoira à la difficulté de leur chemin. Ils auront une bénédiction divine qui ne serait pas la leur sans la rudesse et la rudesse. Le parallélisme hébreu donne la même promesse, sans figure, dans les derniers mots du même verset : « Comme seront tes jours, ainsi sera ta force ». Soyez sûr que si votre chemin est plus difficile que le mien, vous recevrez plus d'aide que moi. Il existe un lien des plus délicats entre les besoins de la terre et la grâce du ciel. Les jours de lutte obtiennent plus de grâce que les jours calmes et tranquilles. Quand vient la nuit, des étoiles brillent qui ne seraient jamais apparues si le soleil ne s'était couché. Le chagrin attire un réconfort qui n'aurait jamais pu se produire dans la joie. Pour les routes accidentées, il existe des chaussures en fer.

Il y a encore une autre suggestion dans cette vieille promesse. La bénédiction divine pour chaque expérience est contenue dans l'expérience elle-même et ne sera pas reçue à l'avance. Les sabots de fer ne seraient donnés que lorsque les routes accidentées seraient atteintes. Jusque-là, ils n'étaient pas nécessaires et, de plus, le fer nécessaire à leur fabrication était précieux dans les collines escarpées et ne pouvait être obtenu qu'une fois les collines atteintes.

Beaucoup de gens s'inquiètent pour l'avenir. Ils s'agacent en se demandant avec inquiétude comment ils vont vivre certaines expériences anticipées. Nous ferions mieux d'apprendre une fois pour toutes qu'il n'y a dans la Bible aucune promesse de pourvoir aux besoins alors que ces besoins sont encore futurs. Dieu ne met pas aujourd'hui de la force dans nos bras pour les batailles de demain ; mais lorsque le conflit éclate réellement, la force vient. "Comme tes jours, ta force sera."

Certaines personnes se testent constamment et imprudemment en se posant des questions comme celles-ci : « Pourrais-je endurer un deuil douloureux ? Ai-je assez de grâce pour me soumettre à Dieu, s'il devait m'enlever mon trésor le plus cher ? Ou pourrais-je affronter la mort sans crainte ? De telles questions ne sont pas judicieuses, car il n'y a aucune promesse de grâce pour affronter l'épreuve quand il n'y a pas d'épreuve à affronter. Il n'y a aucune assurance d'avoir la force de supporter de gros fardeaux lorsqu'il n'y a pas de gros fardeaux à supporter. L'aide pour supporter la tentation n'est pas promise lorsqu'il n'y a pas de tentations à supporter. La grâce pour mourir n'est promise nulle part alors que la mort est encore loin et que le devoir est de vivre.

"De toutes les tendres gardes que Jésus a dressées
autour de notre frêle humanité, pour retenir la pression et la bousculade qui sont toujours
prêtes à perturber ce que nous faisons,
et à gâcher le travail que nos mains accompliraient, aucune de plus que
celle-ci ne nous entoure. chaque jour Avec une surveillance bienveillante : «
C'est pourquoi, je dis : Ne pensez pas au lendemain. Pourtant, nous prêtons
peu d'attention à la sagesse et sommes impuissants à porter le fardeau de
l'impérieux. Maintenant,
supposons que l'exigence de l'avenir n'est pas satisfaite.
Dieu n'accorde aucun excédent de pouvoir : il est versé comme la manne
du matin. Pourtant, nous osons nous incliner et demander : « Donnez nous
aujourd'hui notre pain *de demain* .

Il y a une histoire de naufrage qui donne une illustration qui vient justement ici. L'équipage et les passagers ont dû quitter le navire brisé et regagner les bateaux. La mer était agitée, et il fallait faire très attention à la rame et à la conduite pour protéger les bateaux lourdement chargés, non des vagues ordinaires, sur lesquelles ils naviguaient facilement, mais des grandes mers croisées. La nuit approchait, et tous les cœurs se serraient en se demandant ce qu'ils feraient dans l'obscurité quand ils ne pourraient plus voir ces terribles vagues. Mais à leur grande joie, quand la nuit tomba, ils découvrirent qu'ils se trouvaient dans des eaux phosphorescentes et que chaque vague dangereuse enroulait une crête de lumière qui la rendait aussi clairement visible que s'il était midi.

C'est ainsi que les expériences redoutées de la vie, lorsque nous les rencontrons, portent en elles la lumière qui éloigne le péril et la terreur. La nuit de chagrin vient avec sa propre lampe de réconfort. L'heure de la faiblesse apporte son propre secret de force. Au bord de la fontaine amère elle-même pousse l'arbre dont la branche guérira les eaux. Le désert, avec sa faim et sans récolte, a la manne quotidienne. Dans l'obscurité de Gethsémani, où le fardeau est plus que ce que le cœur mortel peut supporter, un ange apparaît, apportant la force qui donne la victoire. Quand nous arrivons sur le chemin dur, accidenté et escarpé, nous trouvons du fer pour les chaussures. Le fer sera dans les collines mêmes que nous devrons gravir.

donc que la question des chaussures est très importante. Nous sommes des pèlerins ici et nous ne pouvons pas marcher pieds nus sur les routes accidentées de ce monde. Nos pieds sont-ils chaussés pour le voyage ?

"Comment puis-je me procurer des chaussures et où ?" demande-t-on. Vous souvenez-vous des pieds du Christ, qu'ils étaient percés de clous ? Pourquoi ? Afin que nous ayons des chaussures à porter à nos pieds et qu'elles ne soient pas coupées ni déchirées en chemin.

Les pieds bien-aimés du Christ ont été blessés et endoloris au cours de longs voyages sur des épines et des pierres, et ont été transpercés de clous cruels, afin que nos pieds puissent être chaussés pour les routes accidentées de la terre, et puissent enfin franchir les portes de perle et marcher sur les pavés d'or du ciel. des rues.

Laissant tomber tout chiffre, toute la leçon est que nous ne pouvons pas poursuivre le pèlerinage de notre vie sans Christ ; mais ayant Christ, nous serons prêts à tout ce qui pourrait nous arriver au fil des jours et des années.

CHAPITRE XXV.

LA FERMETURE DES PORTES.

"Ne tardez jamais
à accomplir le devoir que l'heure apporte, quoi qu'il en soit dans les choses
grandes ou petites ; car qui sait ce qu'il fera le jour à venir ?"

Fermer une porte est une petite chose et pourtant cela peut avoir une signification infinie. Cela peut fixer un destin pour le bonheur ou le malheur. Lorsque Dieu ferma la porte de l'arche, le bruit de sa fermeture sonna le glas de l'exclusion pour ceux qui étaient à l'extérieur, mais c'était un gage de sécurité pour le petit groupe de personnes confiantes qui étaient à l'intérieur. Lorsque la porte fut fermée au marié et à ses amis qui étaient entrés dans la salle des fêtes, les mettant ainsi à l'abri des ténèbres et du danger de la nuit, et les enfermant dans la joie et l'allégresse, il y avait ceux dehors qui étaient au cœur de la fermeture de cette porte. frappé le désespoir et le malheur. Pour eux, cela signifiait l'exclusion désespérée de tous les privilèges de ceux qui étaient à l'intérieur et l'exposition à toutes les souffrances et à tous les périls contre lesquels ceux qui étaient favorisés étaient protégés.

Nous avons ici des indices de ce qui peut résulter de la fermeture d'une porte. La vie est pleine d'illustrations. Nous rencontrons continuellement des portes qui restent ouvertes un moment puis se ferment. Un artiste a essayé d'enseigner cela dans une image. Father Time est là avec un sablier inversé. Un jeune homme est allongé à son aise sur un canapé luxueux, tandis qu'à côté de lui se trouve une table garnie de riches fruits et viandes. Passant à côté de lui vers une porte ouverte se trouvent certaines figures qui représentent des opportunités ; ils viennent inviter le jeune homme à la noblesse, à la virilité, à l'utilité, à la valeur. Le premier est une forme robuste, brunie par le soleil, portant un fléau. C'est du travail. Il invite les jeunes à travailler dur. Il est déjà passé inaperçu. Vient ensuite un philosophe, à livre ouvert, invitant le jeune homme à réfléchir et à étudier, afin qu'il puisse maîtriser les secrets du volume mystique. Mais cette opportunité est également négligée. Les jeunes n'ont aucun désir d'apprendre. Juste derrière le philosophe vient une femme courbée, portant un enfant. Sa robe évoque le veuvage et la pauvreté. Sa main est tendue de manière suppliante. Elle a soif de charité. En regardant attentivement la photo, on voit que le jeune homme tient de l'argent dans sa main. Mais il le serre fort, et les supplications de la pauvre veuve sont vaines. Encore un autre personnage passe, s'efforçant de l'attirer et de le détourner de sa paresse. C'est la forme d'une belle femme qui cherche par l'amour à éveiller en lui des desseins nobles, dignes de ses pouvoirs, et à l'inspirer pour des efforts ambitieux. Une à une, ces opportunités sont passées, avec leurs appels et leurs invitations, pour rester sans réponse. Enfin il se lève pour les saisir, mais il est trop tard ; ils disparaissent et la porte se ferme.

C'est une image fidèle de ce qui se passe tout le temps dans ce monde. Des opportunités se présentent à chaque jeune, lui offrant de belles choses, de riches bénédictions et de brillants espoirs. Trop souvent, cependant, ces offres et sollicitations sont rejetées et passent une à une pour ne plus revenir. Porte après porte se ferme, et enfin les hommes arrivent à la fin de leurs jours, avec des vies de misère, ayant manqué tout ce qu'ils auraient pu obtenir d'enrichissement et de bien au cours des jours qui passent.

Ramener à la maison. Un véritable foyer chrétien, avec son amour, sa prière et toutes ses douces influences, est presque le paradis pour un enfant. Le parfum de l'amour du Christ remplit toute la vie de famille. La sainteté est dans l'atmosphère même. Les bénédictions de l'affection rendent chaque jour tendre et impressionnant. Dans toute vie, il n'y a pas d'autres occasions de recevoir de belles choses dans la vie et d'apprendre de belles leçons, comme dans les jours de l'enfance et de la jeunesse qui se passent dans une maison d'amour chrétien. Pourtant, combien de fois toutes ces influences sont-elles résistées et rejetées ? Puis peu à peu la porte se ferme. Le cœur qui a fait la maison est toujours dans la mort. La main douce qui a apporté une telle bénédiction est froide. Beaucoup d'hommes d'âge moyen donneraient tout ce qu'ils ont pour revenir une heure dans le vieux lieu sacré, entendre à nouveau la voix de sa mère dans les conseils ou dans la prière, sentir une fois de plus le doux contact de sa main et l'avoir. doux réconfort. Mais c'est trop tard. La porte est fermée.

Prenez l'éducation. De nombreux jeunes ne se rendent pas compte des opportunités en or qui se présentent à eux pendant leur scolarité. Trop souvent, ils font peu de cas des privilèges dont ils jouissent alors. Ils perdent parfois dans l'oisiveté les heures qu'ils devraient consacrer à une étude assidue et à des lectures utiles. Ils pourraient, s'ils le voulaient, se préparer à des places élevées et honorables dans les années à venir ; mais ils laissent passer les jours avec leurs opportunités. Peu à peu, ils entendent la porte de l'école se fermer. Puis, tout au long de leurs années, ils avancent à pas hésitants, avec une vie naine, avec des pouvoirs sous-développés, incapables d'accepter les places supérieures qui auraient pu être les leurs s'ils y avaient été préparés, échouant souvent dans leurs devoirs et responsabilités - tout cela parce que dans leur jeunesse ils ont perdu leurs journées d'école et n'ont pas saisi les opportunités qui se présentaient alors à eux pour se préparer. Napoléon, en visitant son ancienne école, dit aux élèves : « Les garçons, rappelez-vous que chaque heure perdue à l'école est une chance de malheur dans la vie future. » Des milliers d'échecs au cours des années de virilité et de féminité attestent de la véracité de cette monition.

L'amitié est une autre opportunité qui offre une grande bénédiction. Devant chaque jeune se trouvent deux sortes d'amis qui tendent toujours la main. L'unique classe murmure des plaisirs qui mènent au péché et à l'avilissement. Ils offrent au jeune homme le verre à vin, la table de jeu, la satisfaction de la luxure et de la passion. Ils offrent à la jeune femme la flatterie, l'habillement gai, la danse, des plaisirs qui terniront sa pureté féminine. Nous connaissons tous la fin d'une telle amitié.

Mais il existe une autre classe d'amis qui se tiennent devant les jeunes et les courtisent vers des choses nobles. Ils peuvent être simples, peut-être simples, presque sévères dans leur sérieux et dans le sérieux avec lequel ils parlent de la vie. Ils appellent au travail, à la diligence, à l'abnégation, aux qualités de caractère héroïques, à la pureté, à l'utilité, à « tout ce qui est vrai, tout ce qui est juste, tout ce qui est honorable, tout ce qui est beau ». Il est impossible d'exagérer la valeur des bénédictions qu'une amitié véritable, sage et digne offre aux jeunes. Il cherche à les inciter et à les stimuler à donner le meilleur d'eux-mêmes dans leur caractère et leur réussite. Cela les élèverait vers de nobles réalisations, vers une splendide victoire. Les jeunes gens à qui l'on offre une telle amitié sont les plus favorisés.

Mais combien de fois voyons-nous la bénédiction rejetée au profit de la sollicitation de simples plaisirs vains qui n'apportent aucun bien réel, qui embrouillent la vie dans toutes sortes de complications, qui mènent aux voies de la tentation et qui se terminent trop souvent par le désastre et le chagrin.

Il y a un temps pour choisir ses amis, et quand ce temps est passé et que le choix a été fait, la porte est fermée. Il est alors trop tard pour revenir en arrière. Il y a beaucoup de gens dans la quarantaine, enchaînés maintenant dans les chaînes de mauvaises compagnies, qui donneraient tout ce qu'ils ont pour les doux délices et les purs plaisirs de l'amitié qui aurait pu être la leur autrefois et qui, dans leur jeunesse, leur tendait la main en vain. des mains d'importunité et de bénédiction. Mais c'est trop tard; la porte est fermée.

de même des opportunités de faire du bien aux autres, de réconforter, d'aider, d'encourager, d'alléger les fardeaux, de donner de la joie et de la joie. Nous nous trouvons continuellement devant des portes ouvertes dans lesquelles nous n'entrons pas. Souvent, nous reculons avec un sentiment timide devant le doux ministère, retenant les paroles de sympathie ou nous retenant de faire la douce gentillesse, pensant que notre offre d'amour pourrait être malvenue. Ou bien nous ne percevons pas l'opportunité de donner une bénédiction. Cela est très souvent vrai, surtout dans les intimités les plus intimes et les plus tendres de la vie. Nous ne reconnaissons pas la soif de cœur de nos proches et nous marchons avec eux jour après jour, ne parvenant pas à les aider des mille manières dont nous pourrions les aider, jusqu'à ce qu'ils nous quittent et que la porte soit fermée. Alors tout ce que nous pouvons faire, c'est supporter la douleur du regret, n'ayant que l'espoir que, d'une manière ou d'une autre, dans l'au-delà, nous pourrons payer, bien que si tard, la dette d'amour.

"Comment cela se passera-t-il
Quand vous verrez enfin au ciel — Chères âmes, dont les pas, dans les jours perdus,
ont fait des chemins musicaux sur terre,
tandis que nous ne pourrions pas deviner la moitié de la solitude qui vous liait à nos côtés ? Où les anges connaissent vos pas nous
sommes désireux de l'être.

"Nous n'avons jamais su -
Alors insouciamment nous avons marché avec vous - Les gouttes que nous avons bousculées de votre tasse, qui ont été renversées, ne pouvaient pas être ramassées; Nous aurions pu vous donner de l'écume et de la lueur Du trop-plein de notre propre bécher; Ah! ce que nous aurions pu être pour toi, nous ne l'avons jamais su.

"Nous aurions pu
vous prêter une telle force, un tel confort et un tel contentement, à partir de notre vaste réserve; nous aurions pu nous précipiter plus tôt pour lever les ombres de votre chemin, obscurcies, avant midi, jusqu'au gris du crépuscule; avec l'air froid de la terre, la chaleur de l'amour parfum de coeur Nous aurions pu nous mélanger .

"Chers yeux mélancoliques,
Vous nous hantez de votre aimable surprise, Votre tendre étonnement qu'un cœur soit ainsi laissé seul, à l'écart, Si aimant, si incompris Par nous, dans notre humeur égocentrique : Hélas ! en vain vous
vous levez Nos cris de désir.

"Oh, allez-vous
nous attendre au-delà de la porte brillante ? Bien que de beaux cadeaux soient laissés derrière vous, nous voulons vous-mêmes ; nous sommes privés. De votre nouveau manoir glorieux, vous pencherez-vous pour nous chercher ? Fermé est le lointain et brillant porte... Sommes-nous trop tard ?

Ce ne sont là que des illustrations. La même chose est vraie dans toutes les phases de la vie. Chaque jour, des portes s'ouvrent devant nous dans lesquelles nous n'entrons pas. Pendant un petit moment , ils restent ouverts aux enchères et à la bienvenue, puis ils sont fermés pour ne plus être ouverts pour toujours. À chacun de nous, au cours de nos années, se présentent des opportunités qui, si elles sont acceptées et améliorées, nous permettront d'acquérir un caractère digne et une vie noble et utile, et nous conduiront en temps voulu à des places d'honneur et de bénédiction. Mais combien d'entre nous rejettent ces opportunités et perdent le bien qu'elles nous ont apporté de Dieu ! Puis, une à une, les portes se ferment, interrompant les faveurs offertes tandis que nous continuons notre route sans être bénis.

Il y a une autre fermeture de portes encore plus triste que toutes celles qui ont été suggérées. La porte de notre propre cœur se ferme à Dieu lui-même. Il se tient à notre porte et frappe et nombreux sont ceux qui ne lui ouvrent jamais, et bien d'autres encore qui n'ouvrent que légèrement la porte. Ces derniers, bien qu'ils puissent recevoir des bénédictions, manquent néanmoins de la plénitude de la révélation divine qui inonderait leur âme d'amour ; les premiers manquent complètement la plus douce bénédiction de la vie.

"Celui qui exclut l'Amour à son tour sera
exclu de l'Amour, et sur son seuil se trouvera
hurlant dans les ténèbres extérieures. Ce n'est pas pour cela que l'argile
vulgaire n'a pas été fabriquée à partir de la terre commune, moulée par Dieu
et tempérée avec les larmes
des anges à la perfection. forme d'homme."

Ce triste bruit de portes qui se ferment, qui tombe jour après jour sur les oreilles de notre âme, nous proclame continuellement que quelque chose qui était à nous, qui nous a été envoyé de Dieu et dont nous aurons à répondre en jugement, n'est pas à nous. plus longtemps, est à jamais hors de notre portée. C'est un triste tableau : les cinq vierges debout à minuit devant une porte fermée par laquelle elles auraient pu entrer avec beaucoup de joie et d'honneur, mais qui, à toutes leurs importunités sauvages, ne s'ouvrira plus. C'est triste, mais beaucoup d'entre nous se trouvent également devant des portes fermées, des portes qui nous étaient autrefois ouvertes, mais dans lesquelles nous ne sommes pas entrés, flânant dehors langoureusement jusqu'à ce que le bruit de la fermeture tombe sur nos oreilles comme le glas d'une exclusion désespérée : —

"Trop tard ! Trop tard ! Vous ne pouvez pas entrer maintenant !"

Bien sûr, le passé est irréparable et irrévocable, et il peut sembler vain de s'agacer en pensant aux portes désormais fermées, qu'aucune larme, aucune prière, aucun coup bruyant ne pourra jamais rouvrir. Oui; mais l'avenir demeure. Nous ne pouvons pas revenir sur les années passées, mais de nouvelles années sont encore devant nous. Eux aussi auront leurs portes ouvertes. Ne devrions-nous pas apprendre la sagesse en regardant en arrière sur le passé irrévocable et en nous assurant qu'à l' avenir nous ne permettrons pas aux portes d'opportunités de Dieu de se fermer devant nos visages ?